Não somos seres humanos passando
por uma experiência espiritual.
Somos seres espirituais passando
por uma experiência humana.

THEILARD CHARDIN

FLORES PÚRPURAS DA REDENÇÃO

Lourdes Carolina Gagete

1ª edição - outubro/2010
10.000 exemplares

internet:
http://www.ideeditora.com.br
e-mail: comentarios@ideeditora.com.br

Capa:
César França de Oliveira

FICHA CATALOGRÁFICA
(Preparada na Editora)

Gagete, Lourdes Carolina, 1946-
G12f Flores púrpuras da Redeção / Lourdes Carolina Gagete. Araras, SP, IDE, 1ª edição, 2010.
320 p.
ISBN 978-85-7341-488-2
1. Romance 2. Espiritismo I. Título.
CDD -869.935
-133.9

Índices para catálogo sistemático
1. Romance: Século 21: Literatura brasileira 869.935
2. Espiritismo 133.9

INSTITUTO DE DIFUSÃO ESPÍRITA
Av. Otto Barreto, 1067 - Cx. Postal 110 - CEP 13602-970 - Araras/SP - Brasil
Fone (19) 3541-0077 - Fax (19) 3541-0966
CNPJ 44.220.101/0001-43 – Inscrição Estadual 182.010.405.118

IDE EDITORA É APENAS UM NOME FANTASIA UTILIZADO PELO INSTITUTO DE DIFUSÃO ESPÍRITA, O QUAL DETÉM OS DIREITOS AUTORAIS DESTA OBRA.
www.ideeditora.com.br

INSTITUTO DE DIFUSÃO ESPÍRITA

IDE Editora é um departamento do **INSTITUTO DE DIFUSÃO ESPÍRITA**, entidade sem fins lucrativos, que promove extenso programa de assistência social aos necessitados de toda ordem.

ide editora

ROMANCE

Lourdes Carolina Gagete

FLORES PÚRPURAS DA REDENÇÃO

ide editora

Índice

1 | *Briga de namorados*

Um cobertor de pontinhos cintilantes envolvia a noite daquele sábado, em 1936; o dia mágico que compensava as canseiras da semana. Uma banda, dentro do coreto branco na praça da igreja matriz da cidade de Sorocaba/SP, derramava melodias enquanto os olhos de moças e rapazes se cruzavam no flerte.

Alguns desencarnados, ali também presentes, estavam atentos aos pensamentos deles, a fim de captarem alguma coisa que os pudesse divertir por algum tempo. Eram, igualmente, filhos de Deus, mas equivocados no caminho a seguir, no caminho natural da vida, estacionaram indiferentes ao chamamento constante da evolução.

Os chamados *vivos*, sequer supunham que eram observados e que seus mais íntimos pensamentos ficavam expostos como bandeiras ao vento. Cada qual era um ímã a atrair para si a companhia espiritual com a qual se afinava.

Sentados em cadeiras nas calçadas ou espiando pelas largas janelas, as senhoras mais idosas assistiam àquele movimento de vaivém. As críticas brotavam-lhes dos lábios emurchecidos, da boca desvitalizada, da alma sem brilho. E fofocavam, pois que fofocar nasceu junto com a humanidade.

Nosso acompanhamento espiritual dependerá sempre da qualidade dos pensamentos e dos atos praticados. Assim, notamos que junto às fofoqueiras postavam-se entidades sombrias, maledicentes, escuras ou avermelhadas, que as encorajavam cada vez mais; que as incentivavam na busca dos adjetivos mais impiedosos. Debochavam e riam, como se a inferioridade comprovada dos encarnados os compensasse das suas próprias. Seus trajes eram sujos e rotos. Quando, porém, o nível dos pensamentos de tais criaturas era superior – raro, diga-se – tais Espíritos tinham bom aspecto. Eram mais ternos, bonitos e sorridentes. Trajavam-se com túnicas leves e claras. Apesar de não terem, ainda, muita luz, do coração e da mente de cada um lampejava tênue claridade. Sempre que a ocasião permitia, tentavam ajudar tanto encarnados quanto desencarnados ignorantes. Estes, ao vê-los, se afastavam com desagrado, chamando-os de intrometidos. Todavia, sempre alguns deles, cansados daquela vida medíocre que não mudaria enquanto eles persistissem no erro, sentiam o apelo silencioso do Alto. A evolução é lenta, porém progressiva. O demônio de ontem será o arcanjo de amanhã. Aquele que ontem blasfemou, agora se ajoelha com humildade e ora. O Pai não quer a "morte do pecador", mas sua transformação, sua salvação, conforme a lição evangélica.

Os trabalhadores do Cristo Jesus sabiam que aquele trabalho renderia seus frutos ao longo do tempo. Preocupavam-se com o plantio; a colheita pertencia ao Pai. Assim, de tempos em tempos, alguns deles se afastavam do líder trevoso. Medrosos e titubeantes, buscavam o conforto da luz. O mal também cansa. Entedia.

* * *

Época de costumes diferentes. Valores diferentes. Todos eram românticos sem o saberem e, instintivamente, corriam na busca do amor. Porque o amor é, em todos os tempos, o alimento da alma. Infelizmente, sentimentos mesquinhos estão sempre lutando para encobri-lo a fim de nos danarem. É verdade que às vezes o repudiamos, todavia, como os sentimentos nobres não estão ainda consubstanciados em nossa personalidade, os negativos sempre voltam. É compreensível. É a eterna luta do bem contra o mal. É a finalidade precípua das muitas reencarnações visando à perfeição. O importante não é contabilizar quantas vezes erramos, caímos, mas, sim, quantas vezes lutamos para acertar; quantas vezes nos levantamos para começar de novo.

Alejandro estava disposto a se vingar da ex-namorada. Haviam brigado, e o que era para ser uma rusga à toa, transformara-se em birra que muito já se demorava. Amavam-se, mas o orgulho não deixava nenhum dos dois tomar a iniciativa da reconciliação. Ambos sofriam. Um esperando que o outro tomasse a iniciativa.

Era ele o primeiro amor de Carina, assim como Carina o era dele. Almas afins que se encontravam para dar prosseguimento à evolução, ao plano adrede preparado na espiritualidade. Foi um reencontro desejado e inconscientemente esperado. O casamento era dado como certo até que, por uma coisa boba, brigaram.

Naquele sábado, Alejandro estava disposto a dar uma lição em Carina. Já esperara demais por uma palavra de desculpa, pois entendia que a briga se dera por culpa dela. *"Ela sabia muito bem que eu adorava seus cabelos longos. O que tinha de cortá-los? Sequer pediu minha opinião. Ficou com cara de homem".*

Por seu lado, Carina dizia: – "*Quem manda no meu cabelo sou eu. Pedi pro meu pai. Ele deixou. Pronto. Não sou ainda mulher dele, ora essa! Será que ele vai querer mandar em mim desde já?*" – E como duas crianças birrentas, viravam a cara um para o outro quando se cruzavam. Depois ela chorava e ele se atormentava.

As moças aprovaram o novo visual de Carina e disseram que também cortariam seus cabelos; que se danasse toda a cambada de fofoqueiros. As mulheres mais idosas ficaram escandalizadas. Quando viram Carina com seu novo visual atrevido, arregalaram os olhos numa reprovação acintosa:

"Veja só isso! O mundo está mesmo no fim! Onde já se viu uma moça com cabelo de homem? Santíssima Virgem!".

Hoje, ano 2009, é um despropósito uma briga por um corte de cabelo, todavia, lembremo-nos de que isso se passou no ano de 1936. Naquela época, a repressão contra a mulher era ainda maior. Incomparavelmente maior. A mulher, entre outras coisas, tinha de manter os cabelos longos, a saia comprida, não podia usar muita maquiagem, não andar à noite desacompanhada... Principalmente, quem cortasse os cabelos não era bem vista pela sociedade e, em alguns casos, era até chamada de prostituta. Compreensível, porém não justa, a revolta de Alejandro.

Carina afrontara os costumes da época. Ignorara os preconceitos e, tanto atormentou o pai, que este lhe dera permissão para cortá-lo: *"Pero solamente un poco. Unos tres dedos; (Mas só um pouco. Uns três dedos) – ratificou. Ni um dedito más. (Nem um dedinho a mais)*. Para um cabelão que chegava quase à cintura, o que eram três dedos?

Ela mandou que o cabeleireiro cortasse bem curto. *"Depois de cortado meu pai tem de aceitar o fato"*.

"Veja lá, menina. Seu pai lhe deu permissão? Não quero encrenca com aquele espanhol mal-humorado".

"Pode cortar, seu Tenório. Meu pai deixou".

E as mechas foram decepadas como galhos de árvore. Sem titubeio. Sem remorso. Seu rosto adquiriu jeito de moleque travesso.

Alejandro, embora Carina tenha ficado mais bonita, discutiu e ficaram de mal. Emburrados. "Carina é uma teimosa! Ela vai ver que não é a única moça bonita de Sorocaba" – resmungava quando a via passar, durona como um sargento, exibindo o cabelo curto, causador de tamanha celeuma.

Agora o rapaz ouvia a banda na praça da matriz, mas seu coração continuava oprimido. O coreto estava enfeitado e os músicos tocavam com entusiasmo. Moças e rapazes circulavam. Circulavam não é força de expressão – circulava-se realmente. Elas em sentido horário, eles em sentido anti-horário, ao redor do coreto. Era uma coreografia que se repetia todos os fins de semana. Vez ou outra, um rapaz e uma moça saíam do círculo. Haviam-se entendido pela linguagem silente. Para que palavras quando os olhos dizem tudo? E o safado do cupido ia atrás de outros pares.

Carina não sabia o perigo que corria de perder o namorado. Sentia-se desventurada longe do seu Alejandro. Se ela se arrependeu de cortar os cabelos? Não! Claro que não. Carina era dura na queda! Uma vez tomada uma decisão, não havia argumento que a fizesse arrepender-se. Muitas vezes, quando a pressionavam demais, ela se calava, porém, não cedia. Empacava. Passava alguns dias de cara fechada. Ninguém é perfeito; esse era o grande defeito dela, correndo ao lado de grandes e significativas virtudes. O pai dizia sempre: "Muchacha, muchacha. Qualquer dia você vai se dar mal. Depois não me venha com lamentações".

Apesar de preocupada e de amar com paixão seu Alejandro, teimava em esperar que ele desse o primeiro passo para a reconciliação. Ele esperava a mesma coisa. Então, a providência veio em seu auxílio, afinal, Alejandro era-lhe os braços, as mãos, a vida... Como almas siamesas.

***

– Carina, ouvi dizer que o Alejandro está lá na praça.

– Eu sei. Nós estamos brigados. Ele pensa que já é meu dono. Quer me botar cabresto desde já. Mas qualquer dia faremos as pazes.

– Será? Não sei, não...

Carina sobressaltou-se.

– Como, não sei, não? Você sabe de alguma coisa? – e seu coração deu um pinote tamanho, que lhe faltou o ar.

Antes que a amiga Zélia pudesse falar, já era arrastada para dentro do quarto.

– Cruzes, Carina! Parece doida!

– Pode falar. O que você sabe? O Alejandro falou alguma coisa pra você? Ande logo sua lesa! Fale! Ele falou?

– Pra mim, não. Falou pro meu irmão.

– O quê? O que ele falou? Arre! Você é lerda pra contar as coisas! Fale logo!

– Eu não sou lerda, você é que é muito ansiosa! Sossegue...

Zélia estava se divertindo com a aflição de Carina. E como todos que detêm um segredo, fazia suspense para valorizar a notícia.

Carina torcia as mãos. Percebeu o jogo da amiga e procurou ficar calma. Sabia que quanto mais ansiosa se mostrasse, mais a amiga demoraria a falar.

– Diga, Zélia, por favor! O que o Alejandro disse pro seu irmão? – perguntou, aparentando indiferença.

Zélia começou a limpar as unhas, prolongando o desespero de Carina.

– Nem sei se vale a pena contar. A esta hora... Talvez...

– Criatura de Deus! Se você não contar tudo agora mesmo, nunca mais olho pra sua cara! Juro! Se não queria contar, por que não ficou de bico fechado?

– Nossa! Tá bom. Lá vai: O Alejandro disse pro Nilson que hoje ia ver a banda no coreto e aproveitar para falar com a Tônia. Você sabe... aquela loirona desbotada! Imagine, trocar você por ela, uma sirigaita!

Carina ficou branca! Indignada. Com vontade de chorar. E, como a fúria dos ventos levantando as ondas do mar, erguia-se e levantava-se da cadeira, espumando de aflição. Num átimo, lembrou-se da primeira rusga com Alejandro; o quanto ela sofrera. Foi aí que descobriu quanto o amava. Não saberia viver sem ele. E lá, nos escaninhos da alma, soube que eles estavam ligados por um passado distante; um passado que teria de ser retificado para que ambos alcançassem a paz de consciência. Foi também nessa ocasião que percebeu o gênio de Alejandro. Era pacato. Era da paz. Amava-a verdadeiramente, porém, era machista e orgulhoso. Sofreria, mas não imploraria o seu amor. Carina falou gaguejante:

– O quê!? Você está de brincadeira?

– O pior é que é verdade. Sempre achei o amor de vocês tão bonito! Agora vem aquela lambisgoia e quer roubar seu Alejandro. Também, quem mandou você cortar os cabelos... A Tônia tem mais de meio metro de cabelo loiro.

– Loiro, cheio de pontas, desvitalizado e sempre preso por aquele coque horroroso! Parece uma velha, apesar de ser bem nova. – Era o ciúme que dava esses adjetivos impiedosos.

De repente, Carina enrijeceu:

– Olha aqui, ninguém rouba ninguém. Se ela

me roubar o Alejandro, é porque ele quis ser roubado. Porque não me ama de fato.

A ruga que se formou em sua testa era do tamanho dos Alpes suíços.

– Quer dizer que você não vai fazer nada?

– Eu não. Não vou mesmo!

– E a bobona aqui tão preocupada. Pensei que você fosse correndo para a praça, hoje. Talvez a Tônia não tenha chegado ainda. Daí...

– Não vou à praça nenhuma! Eles que se danem! Aquela loira aguada!

Acabou de falar uma coisa, mas fez o contrário. Pôs seu melhor vestido. Calçou o sapato novo que lhe machucava os pés, penteou o cabelo que lhe dava um ar de moleque travesso e chispou para a praça. Nem a dor dos pés a impedia de quase correr.

Zélia teve dificuldade em acompanhá-la:

– Cruz credo! Não me arraste! Parece louca!

– E se aquela sonsa da Tônia já estiver lá? E se o Alejandro... Ai, meu Santo Antonio! Não permita... Sou capaz de morrer de ódio!

– Também... Você exagerou. Um homem tão

bonito como ele não ia ficar muito tempo sozinho. O que você pensa que é?

– Cale a boca, Zélia! Arre! Parece uma matraca!

Algumas lágrimas já ameaçam cair, mas Carina reteve-as com determinação. Estivera tão despreocupada, acreditando tão firmemente no amor de Alejandro, que agora se recriminava. *"Sou capaz de fazer um escândalo daqueles se os dois estiverem juntos".*

Alejandro olhava sem ver. Tônia estava circulando com as moças e ele com os rapazes. Toda vez que se cruzavam, ela esticava os olhos. Mas não encontrava os olhos dele. O cupido atirava suas flechas, mas elas não atingiam o alvo. O pensamento em Carina fazia uma barreira invulnerável.

Carina e Zélia chegaram esbaforidas. Assim que viu Alejandro, Carina sorriu. Ele não estava com a "loirona" de meio metro de cabelo. Alejandro também sorriu para ela. Um sorriso que lavou sua alma e a de Carina. Então, toda a dor de ambos saiu correndo e foi esconder-se atrás do fim do mundo.

Alejandro aproximou-se. Parecia a personificação da tranquilidade, mas o coração não sabia disso e pinoteava feito potro selvagem.

– Posso acompanhar você? Acho que temos algumas coisas para acertar. – Deu um leve puxão nos cabelos curtos de Carina e balançou a cabeça para dizer que ainda não se conformara.

– Claro.

O potro selvagem dentro do peito de Alejandro se aquietou. Tudo lhe pareceu mais bonito.

O coração de Carina bateu arrítmico quando Alejandro pôs o braço em seu ombro. Parecia-lhe ter passado uma eternidade desde a última vez que sentira o calor e a pressão daquele braço tão querido.

Zélia viu que estava sobrando e se afastou. Tônia também percebeu e, cheia de rancor, afastou-se dali.

– Seu cabelo já cresceu um pouquinho.

– Já. Daqui a pouco já está comprido de novo.

Carina estava dócil como um carneirinho de presépio.

– Sua moleca de pavio curto – falou ele enquanto lhe acariciava o pescoço.

Carina estava feliz. Emocionada, tremia.

– Diga-me uma coisa, Carina. Hoje você veio

à praça... Fazia tanto tempo que você não vinha... Veio porque estava com saudade de mim?

– Não vai ficar convencido?

– Não.

– Foi por isso mesmo. Não aguentava mais de saudades. Não vivo sem você, seu safado!

Alejandro puxou-a para si e a beijou. Foi um beijo rápido. Assustado. Roubado. No fundo era um tímido.

– Alejandro! Alguém pode ver!

Olhando para os lados, afastou-o quase com brutalidade para, em seguida, puxá-lo de volta. *"Que se dane o mundo".*

– Não estou muito preocupado se alguém nos vir. Não devo nada a ninguém, ora essa!

– Nem eu, mas... Ah, se as fofoqueiras viram...

Alejandro riu. E beijou-a novamente, segurando-a forte para que ela não fugisse ou o empurrasse novamente.

Uma cortina moveu-se. Atrás, uma senhora das mais conservadoras, resmungou: "Santo Deus! Se pierde el mundo". (Santo Deus! O mundo está perdido.)

Carina estava tentada a perguntar se era verdade o que Zélia lhe contara sobre a "loirona". Ficou pensando se não seria humilhar-se à toa. Alejandro percebeu:

– Tem alguma coisa para me dizer?

– Na verdade, sim.

– Diga.

– É sobre a Tônia... Aquela italiana. É verdade que você estava arrastando asas pra ela? Que ia pedi-la em namoro, hoje?

Alejandro abriu um sorriso de leste a oeste! *"Ah, então foi por isso que você veio à praça, hoje, hem? Eu sabia que meu plano daria certo".*

– Está rindo de quê? Contei alguma piada?

– O que, exatamente, você quer saber? *"Vou deixá-la sofrer um pouco".*

– Quero saber tudo!

– A Tônia é uma boa moça... De boa família...

– Não estou nem um pouco interessada se ela é boa moça, ou se é de boa família!

Estava vermelha e suas bochechas tremiam.

Alejandro estava adorando, mas condoeu-se dela.

– Carina, não seja boba...

– E você não seja tão mulherengo! Vai atrás de qualquer rabo de saia! Acaso não sabe ainda o que quer?

Os lábios dela fremiam de indignação. Já estava certa de que ele era seu, e agora, a dúvida a alfinetava. E assim, foi a insegurança que afirmou:

– Uma sonsa! Isso é o que ela é! Uma brasa envolta em cinzas. Parece inofensiva, mas quando a gente põe a mão...

Alejandro riu e lhe disse carinhosamente que a italianinha não representava nada para ele; que era tudo fofoca daqueles que cuidavam da vida alheia.

– Afinal – perguntou –, você crê mais nessa gente do que em mim?

Teria Carina acreditado? O fato é que se tornou mais cuidadosa do seu amor.

2 | *Lembranças amargas*

Naquela noite, Alejandro viu mais uma vez aberta uma fresta de seu passado espiritual e não relutou em entrar por ela.

Estava feliz. Havia reatado o namoro com Carina. Fora dormir com um sorriso nos lábios, mas acordara apreensivo e com maus pressentimentos.

O Sol já o convidava a levantar-se, mas ele continuava imóvel na cama. Flashes do sonho voltavam. E o incomodavam. Que poderia significar tudo aquilo? Relembrou com angústia que uma espécie de nuvem opaca atravessara o teto de seu quarto e parara diante dele. Aos poucos, tomara forma humana. Por mais que ele tentasse ver-lhe o rosto, não conseguira. Também não conseguira se mexer. De repente, fora tomado por uma paralisia total. Tivera medo. Chegara a ver a cara descarnada da morte. Pensara em Carina e lamentara que morresse justo no momento em que fizera as pazes com ela.

O ser que se formara a partir daquela nuvem opaca nada lhe explicara. Paradoxalmente, estava ali e não estava. Sua forma etérea era inconteste, porém, o Espírito parecia estar muito longe dali. Apenas colocara uma das mãos em sua testa. Então, fora envolvido por estranhos lamentos. Palavras sussurradas. Choros. Maldições.

Trazida por um furacão que lhe invadira o quarto, aparecera uma jovem freira que rodopiava ao seu redor e tentava segurar suas roupas... Suas roupas... Estranho – observava ele – eram paramentos de um sacerdote. A freira o olhava. Tinha os olhos marejados de lágrimas. Nada dissera, porém ele conseguira sentir o que ela pensava. Não eram propriamente recriminações; eram pensamentos dolorosos que partiam seu peito numa dor queimante. Também ela sofria. Ele se emocionara com aquela presença, mas não a identificara no seu passado distante. Depois de algum tempo, ela se fora da mesma forma como viera: levada pelo furacão.

Alejandro lembrou-se de que ouvira, naquele insólito sonho, um sino a repicar. Era o sino de uma capela. De sua capela. De repente, viu-se dentro dela. O pequeno altar com algumas imagens. Um vaso com flores do campo. Jesus na cruz do seu suplício esperando que a humanidade o compreendesse e o libertasse da posição incômoda; que se conscientizasse de que sua morte não isentava ninguém das consequências dos seus procedimentos negativos; que cada qual era responsável por seus erros e acertos; que Ele viera para ensinar e dar testemunho de fé, de resignação, de compreensão e de esperança. Finalmente, para que todos compreendessem que seu sangue não fora derramado para deixar o Homem dormir em berço esplêndido, despreocupado de sua evolução, livre do "pecado", porque ele já os redimira à custa de sua vida.

Alejandro suspirou fundo e pensou: Concepção simplista. Acomodatícia. Conveniente. Fechou novamente os olhos. As lembranças de sua viagem onírica ainda não haviam terminado.

A criatura sem rosto novamente se aproximou. O sino continuava a badalar, agitando sua alma num misto de alegria e frustração. A lembrança da freira fez seu coração se alegrar. Quem seria? Olhou para o homem (homem?) a seu lado e lhe perguntou sobre ela. Mas ele permaneceu mudo. Circunspecto. Maria. Maria... A voz desesperada dele. Gritando.

Implorando que ela voltasse. O eco, como a zombar de seu desespero, repetia: Mariiiiiiiiiaaaaaaaa.

Então ela voltou.

Não mais um furacão a trazia, como da primeira vez. Agora caminhava lentamente. Lágrimas desciam pelo rosto e se transformavam em gotas de sangue que lhe salpicavam o hábito de freira. Ela tentava esconder tais manchas vermelhas e vivas, mas também suas mãos ficavam rubras. E o sangue pingava... pingava... e aos poucos se ia transformando num feto estiolado que chorava. E gemia. E amaldiçoava.

Do peito de Alejandro um grito escapou: "Deus! Perdoa-me". E a freira repetiu: "Cordeiro de Deus que tiraste o pecado do mundo, tende piedade de nós".

Então, as lembranças de Alejandro emergiram mais ainda do inconsciente: Maria! Irmã Maria! Minha doce Maria! E ela lhe dizia tantas coisas, mas ele não entendia. Sua mente oscilava entre presente e passado; existir e inexistir. Amor e ódio. Santidade e luxúria.

Ela se irritava e ele não sabia se não a compreendia porque ela falava rápido demais, ou porque estava perdido em si mesmo. Mas... aquela expressão de Maria, aquele olhar firme, aquele jeito mandão de falar, de dar ordens como um general... Carina! Sim. Irmã Maria e Carina eram as mesmas personagens em corpos diferentes. O mesmo Espírito em existências distintas.

Alejandro sentiu-se sendo tragado por uma força que o arremessou para longe dali. Queria retornar, mas não era mais dono de sua vontade. Uma força maior o submetia. Ouviu soluços de uma mulher. De quem? De onde vinham? Seriam de Maria? Não. Os soluços vinham do seu confessionário. Uma mulher o acusava. Dizia que o amava, mas como não era correspondida, haveria de destruí-lo.

Alejandro, confuso, buscou dentro de si mesmo aquela lembrança. Tremeu ao lembrar-se de Ayana, porém nada mais lhe foi revelado a respeito dela. Sua alma caía num labirinto e ele se debatia para procurar uma saída. Perguntou-se por que estava ele paramentado de padre. Reconhecia-se um operário graduado, trabalhando numa tecelagem e jamais tivera uma capela; jamais conhecera nenhuma irmã Maria nem a mulher chamada Ayana, que chorava muito; que o ameaçava e dizia que o haveria de destruir embora o amasse.

O Sol já agora esquentava as paredes de seu quarto e ele permanecia naquele estranho estado entre a consciência e a inconsciência, trazendo de volta o sonho misterioso.

E os *flashes* pipocavam: Ruas de terra. Uma fileira imensa de homens e mulheres que caminhavam tristes. Cabeças baixas. Um grande portão se abria e eles entravam. A alguns metros, uma casa. Alejandro relembrou a dor, a angústia que então sentira num tempo que não conseguia identificar.

"Esta casa! Onde já vi esta casa? Meu Deus! Enlouqueço! É a casa dos aflitos. A casa dos malditos. A casa dos proscritos. Deus! Tire-me daqui. Sinto o cheiro da carne apodrecida... O cheiro da morte!".

E dentro da casa, pessoas deformadas, carantonhas de sofrimento, de aflição, olhavam-no e estendiam mãos sujas e carcomidas.

De um salto, Alejandro saltou da cama. Que significava tudo aquilo? Seria uma premonição?

Então... ele chorou.

3 | *Italianinha x Caipirinha*

Tônia soube com ódio da reconciliação de Alejandro e Carina. Revoltou-se. Culpou o destino por sua desdita, pois para ela, outro homem não existia. Era vizinha de Alejandro desde que ele ali chegara. No início tiveram um flerte que acabou em nada. Acabou em nada porque Carina surgiu entre eles. Ela bem se lembrava:

– Tônia, hoje vai chegar aqui uma caipirinha – dissera-lhe a prima Sofia.

– É? De onde ela vem?

– Da fazenda São José do Letreiro. Perto de Avaré.

– Que tenho eu a ver com essa caipirinha? Por que você está me contando isso?

– Porque ela vai ser vizinha do seu amado Alejandro. Você sabe... Essas meninas da roça parecem sonsas, mas quando veem um homem bonito, sabem ser bem assanhadas.

– Não estamos namorando. Tivemos só um flerte. Alejandro parece que tem o rei na barriga.

– Nem estes dois olhos azuis como o céu o sensibilizaram? Puxa, esse espanhol deve ser bem cego! Ou muito exigente. Esse tipo que escolhe muito costuma ficar pra tio.

– Ele não fica pra tio, posso apostar.

Tônia ficou preocupada. Prometeu a si mesma "fechar o cerco", reavivar o flerte. Não deixaria que a caipirinha levasse a melhor sobre Alejandro. Afinal, ela o conhecera primeiro.

– Ela é bonita?

– Não a conheço. Dizem que é.

Tônia deu de ombros e fingiu que aquele assunto não lhe interessava. Assim que a amiga se afastou, correu para a casa de Alejandro. Uma das irmãs dele a atendeu:

– O Alejandro não está. Mas entre assim mesmo. Toma um café? – perguntou Sebastiana.

– Obrigada. Aceito, sim.

Conversaram por algum tempo. Conquistar a irmã dele era uma boa estratégia. No amor, já se sabe, usam-se todos os trunfos. E há sempre uma última carta escondida na manga para uma emergência.

Já estava de saída quando Alejandro chegou. Um tremor enfraqueceu suas pernas. O rapaz a cumprimentou e ia-se afastando para o interior da casa, quando Tônia o chamou:

– Alejandro...

As palavras se amotinaram. O rosto de Tônia foi ficando cada vez mais vermelho. Sebastiana se afastou com um risinho irônico. Sabia que o irmão era muito disputado pelas moças da vizinhança.

– O que foi? Aconteceu alguma coisa? – perguntou, mais sério do que desejava.

Ele sabia da paixão que despertara na italianinha, mas, digno como sempre fora, não queria alimentar aquela ilusão.

– É que... Bem... Podemos dar uma volta? Preciso ir à igreja, você me acompanha? – falou rápido, olhando o chão.

– Desculpe-me, Tônia. É que acabei de chegar da rua. Estou cansado... Louco pra tomar um banho.

Tônia mordeu os lábios. Humilhara-se em vão. Estava claro que Alejandro não se interessava por ela e nem pelos seus lindos olhos azuis. *"Será que esse tonto é cego?"*.

– Não faz mal. Eu compreendo.

– Então, até logo.

– Até logo – respondeu, quase chorando.

Tônia tentou. Tentou, mas foi inútil. Alejandro conheceu Carina e ambos se apaixonaram na mesma hora.

A italianinha era pouco mais do que uma criança. A indiferença de Alejandro fez uma ferida em seu coração. A alma, quanto mais jovem, mais inexperiente. Esse amor apregoado não era tão grande assim, mas Tônia valorizava-o de tal forma, que se angustiava até a loucura. Com a vida toda pela frente, estacionara naquele momento de dor. Cristalizara a revolta e o desejo de vingança naquele coração juvenil e, até ali, cândido.

Os enfrentamentos da vida costumam surpreender sem prévio aviso. Desapiedados. Insensíveis.

E ela se viu como um bicho acuado, sem ter para onde fugir, sem encontrar qualquer solução.

A mente, assim desequilibrada, atraía para si outras mentes semelhantes, e sombras voejavam como pássaros negros ao seu redor, partilhando-lhe a revolta, instigando-a, nutrindo-a cada vez mais de sentimentos impuros.

Tudo na natureza é coerente e justo. Viveremos sempre com as companhias espirituais com as quais estabelecemos sintonia.

4 | *Direto da Espanha o amor de Carina*

Toda a família de Carina viera da Espanha à época das imigrações, por volta de 1910. Era ela a caçula de uma grande prole. Única nascida no Brasil. Tivera o coração virgem de amor até conhecer Alejandro.

Em Sorocaba, naquela época, havia muitos imigrantes espanhóis que se visitavam por serem conterrâneos, para falar da terra que deixaram distante. Numa dessas visitas, foi que eles se conheceram.

– Minha filha, vá servir um cafezinho para as visitas que chegaram. São também espanhóis – disse-lhe o pai, senhor Juan.

Carina entrara na sala com a bandeja de café. Cumprimentara, muito timidamente, as visitas. Como mandava a boa educação, fora passando a bandeja, oferecendo seu café. Ao pegar a xícara, Alejandro olhara primeiro para ela. A bandeja tremera-lhe nas mãos. Ela desviara os olhos, encabulada, enquanto um rubor lhe tomava as faces.

Para ambos, fora um reencontro. Ele viera de além-mar atrás daquela que haveria de partilhar sua vida. Na sensibilidade que lhe caracterizava o Espírito, emocionara-se. Sentira os olhos umedecidos e, na tela do inconsciente, vira retalhos esparsos da própria vida: Lágrimas. Inconformação. E como numa tela esgarçada pelo tempo, desbotada, lá estava, entre as brumas de suas recordações, a estranha casa que ele já vira em sonho e não atinava com o porquê de ela confranger-lhe tanto a alma. O que poderia significar tudo aquilo? Por que tais lembranças amargas naquele momento tão glorioso em que (re)encontrara sua alma gêmea?[1]

"Não vou me atormentar antes da hora. Tudo no seu devido tempo" – ouviu-se dizendo a si mesmo.

Alejandro já conquistara grandes méritos na

1. Alma afim; que tem afinidade espiritual com outra. Não entender como almas criadas pela metade e que se procuram para se tornar completas. Não existe fração de almas. Isso é lenda, pois o Pai não cria ninguém pela metade. (N.A).

espiritualidade. Era um médium sensível. Estava quase chegando ao fim a série de existências dolorosas, pois ninguém dá um passo à frente deixando notas promissórias a serem resgatadas.

Carina era somente emoção e felicidade. Naquela noite, demorara a dormir. Alguma coisa, porém, que ela não sabia entender, despertara dentro dela trazendo uma pontinha de ansiedade. A figura do belo espanhol de olhos verdes como os olivais da Espanha não mais saíra de seu pensamento. Esperta, tratou logo de fazer amizade com as irmãs dele. Passou a frequentar a casa e não demorou muito estava de namoro com Alejandro.

A felicidade de Alejandro era quase sempre incompleta. A nuvem agourenta sempre pairava sobre ele, teimando em mostrar-lhe cenas inquietantes; lembrando-o de que o futuro poderia lhe ser adverso.

O pai de Carina consentira no namoro, mas observara:

– Olha lá, Carina. Não pense que vai ficar de namoricos por aí. Traga o Alejandro aqui, para pedir sua mão. Tem mais: namorar, só debaixo dos meus bigodes. Entendeu?

E assim foi. Namoravam em família. Sair sozinhos? Nem pensar. Aliás, àquela época, era mais do que comum namorar-se em família. Para se roubar um beijo...

Com o tempo, o jeitinho brasileiro foi-se impondo. Eles já conseguiam algumas escapadelas às escondidas. Mas as fofoqueiras das cadeiras na calçada ou das janelas não perdoavam:

"Mira. Mira. Que pouca vergonha! Nove e meia da noite! Os dois sozinhos. Essa Carina... Não sei não..."

Mas o terror mesmo das moças era certo jornalzinho que circulava de vez em quando pela cidade. Um horror! Qualquer passo em falso e o nome da infeliz, ou do infeliz, aparecia estampado. Um prato cheio para os maledicentes. E ai daquela que ficasse "falada"! Não arrumava marido nem por decreto.

Naquela noite, na praça, no dia da reconciliação de Carina e Alejandro, os das cadeiras na calçada e as *Marílias* das janelas tiveram muito assunto para fofocar.

Com certeza, no domingo logo cedo, as fofoqueiras diriam à mãe de Carina, disfarçando a verdadeira intenção:

"Dona Evarista, a senhora não acha que os jovens de hoje são imprudentes?"

E dona Evarista, inocente, sem perceber aonde a outra queria chegar, diria:

"Por que, dona Margarida? Que fazem nossos jovens? Que tipo de imprudência?"

Bingo! Chegou a hora esperada. A hora para a qual ela viera. Assumindo ar matriarcal, de preocupação pelo futuro "daqueles jovens imprudentes", diria, mal contendo a ansiedade:

"Não vê a hora que voltam da praça? Ficam por aí com namoricos e nem ligam para a decência. Parece que nem têm família. *Crendeospadre!*"

Dona Evarista começaria, então, a achar algo esquisito naquela conversa aparentemente sem propósito e diria:

"Vá direto ao assunto, dona Margarida. O que a senhora tem para me contar, conte logo. Não fique dando voltas, feito peru bêbado em véspera de Natal".

"Dona Evarista, não vim aqui fazer fofoca – justificaria. – Se vim até aqui foi somente com o desejo de alertá-la. Afinal, gosto da Carina como se ela fosse minha filha".

"Ah, então é a Carina? Que tem ela? O que fez minha filha de tão escandaloso, dona Margarida?" – Evarista perguntaria.

"Pois saiba a senhora, e olhe, não vou aumentar uma vírgula! Sua Carina e o Alejandro estavam passeando sozinhos, muito *agarraditos*; aos cochichos. E sabe que horas eram? Vinte e duas horas!" – diria com grande encenação de espanto.

Assim, a mãe de Carina já estaria sabendo do "grande escândalo": Os dois, de mãos dadas, em plenas dez horas da noite. Claro que o "não acrescentar uma vírgula", teria sido força de expressão. Ela aumentou mais de meia hora. E o *agarraditos,* só seus olhos viram.

Esse diálogo não teve, necessariamente, as mesmas palavras. O que se soube é que dona Evarista comentou o fato a sua maneira e, embora tivesse achado de uma pobreza miserável aquela fofoca, agradeceu à dona Margarida. Era melhor que soubesse – mesmo que fosse pela boca das fofoqueiras – do que ignorar e se lamentar mais tarde pela omissão.

Carina foi advertida duramente pelos pais. Mas estava feliz e pouco se importou. Resolveram marcar o noivado. O casamento se daria após a colheita do algodão. Alejandro tinha uma pequena lavoura. Com o dinheiro arrecadado, casar-se-iam.

– A gente se casa e tapa a boca desse povo falador! Ô gente que gosta de se meter na vida alheia! – desabafou Alejandro.

Abraçaram-se, felizes, não sem antes se certificarem de que estavam realmente sozinhos.

***

Mas nem tudo era tão cor-de-rosa assim. Tônia não se havia conformado com a perda de Alejandro. Chegara a ter esperanças. Quando soube do noivado, sua alma tingiu-se de negro e ela resolveu agir.

Todos por ali conheciam um negro que fora escravo. Vivia sozinho em uma casa afastada da cidade, num lugar chamado Capoteras. Cultivava algumas ervas e era tido, injustamente, por feiticeiro.

"Você não perde por esperar, Carina. O negro Tomásio vai dar um jeito em você, ah, se vai!".

Tônia não sabia, mas estava no primeiro estágio de uma grande obsessão. Não mudasse rapidamente sua postura mental e seus sentimentos, muito se lamentaria mais tarde. Chamar a obsessão é fácil, mas mandá-la embora...

Vejamos o que encontramos no livro *Mecanismos da Mediunidade,* Capítulo XVI, do Espírito André Luiz, psicografia de Francisco Cândido Xavier e Waldo Vieira:

"Gradação das obsessões – Muitas vezes, em nossos estados de tensão deliberada, inclinamo-nos para forças violentas que se nos insinuam no halo psíquico, aí criando fermentações infelizes que resultam em atitudes de cólera arrasadora, pelas quais, desprevenidamente, nos transformamos, na vida, em médiuns de ações delituosas, arrastados nos fenômenos de associação dos agentes mento-eletromagnéticos da mesma natureza, semelhantes aos que caracterizam as explosões de recursos químicos, nas conhecidas reações em cadeia.

"É assim que somos, por vezes, loucos temporários, grandes obsidiados de alguns minutos, alienados mentais em marcadas circunstâncias de lugar ou tempo, ou, ainda, doentes do raciocínio em crises periódicas, médiuns lastimáveis da desarmonia, pela nossa permanência longa em reflexos condicionados viciosos, adquirindo compromissos de grave teor nos atos menos felizes que praticamos semi-inconscientes, sugestionados uns pelos outros, porquanto, perante a Lei, a nossa vontade é responsável em todos os nossos problemas de sintonia".

Há quem julgue verdadeiros somente os fatos objetivos, concretos, aqueles nos quais se possa tocar, ver, sentir... No entanto, somos pequenos, ainda, para compreender tanto o micro quanto o macrocosmo na sua abrangência física e espiritual;

o que é da nossa dimensão e o que não o é. Nosso cérebro não está programado para entender algo imensurável, imponderável, formidável em sua magnificência: DEUS. No correr dos milênios... ("Sois deuses", afirmou Jesus) haveremos de compreendê-Lo e às suas Leis. Até lá vamos, com passos trôpegos, caindo aqui e ali, buscando, consciente ou inconscientemente, nossa ligação com o Criador.

Creiam ou não, a humanidade dos desencarnados renteia conosco diuturnamente com a mesma pujança de vida. Não há como evitá-la. Na dor e nas alegrias está presente e participante. Alguns para ajudar, outros para confundir. Assim, a praça da igreja matriz era o ponto de encontro de enamorados e de Espíritos solitários ou perdidos nos seus equívocos; que buscam em nós, os encarnados, motivação para a própria existência.

Assim é que, todas as vezes que alimentamos sentimentos contrários ao amor, estaremos chamando para nosso convívio tais Espíritos ignorantes, que ainda cultivam a maldade e se divertem em nos fazer sofrer.

As religiões nunca conseguiram livrar o homem do erro, porque o erro está também nelas. Estão, quase sem exceção, pregando as alegrias do céu com o pensamento voltado para as da Terra.

Percebe-se as incoerências e são essas incoerências que têm gerado uma multidão de descrentes. Quais crianças, burlamos a cada minuto as regras do bem viver, do viver com harmonia, de cultivar o amor, a fraternidade. Ingênuos, nos agarramos às aparências. Parecer bom já nos satisfaz. Tolos que somos, pensamos que enganamos Deus com atos meramente exteriores, com aparência de bondosos, com "ais" de piedade, com lágrimas espremidas...

Está, a maioria das religiões, ensinando o Cristianismo à moda delas. Falam, falam bonito em templos suntuosos, mas não dão o exemplo necessário do convencimento. Fala-se de humildade cobertas de luxo; de perdão perseguindo-se entre si mesmos; da necessidade de ajudar o próximo, amontoando bens pessoais; de apaziguar-lhes a fome, de barriga bem cheia. Teorizam, mas as realizações deixam a desejar. E nós somos coniventes. Fingimos que ajudamos, que somos cristãos, que está tudo bem, que amanhã, quando a desencarnação nos surpreender, iremos em paz, certos do dever cumprido, certos de que fomos bons cristãos.

Então... Seremos "barrados no baile". Convidados a primeiro vestir "a veste nupcial".

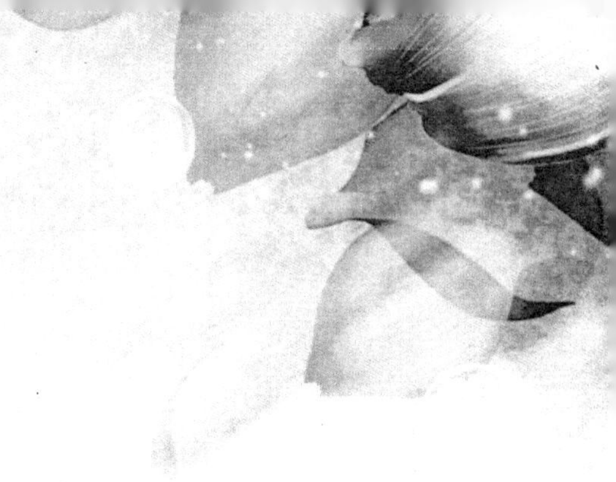

5 | *Tônia acolhe as trevas*

Carina e Alejandro não sabiam que estavam sendo observados pelos olhos hostis de Tônia. Esta não era o tipo de mulher que se conformava em perder alguma coisa, principalmente em perder o homem que queria para si. Relembrou, com desespero, aquele dia em que Carina apareceu na praça para atrapalhar sua conquista. Tinha decidido insinuar-se com mais ousadia a Alejandro. Agora sabia que o amado estava perdido... Mas não! Ainda não. O negro Tomásio entendia de feitiçarias. Não entregaria assim, *de mão beijada*, o seu amor.

Sábado seguinte. Carina e Alejandro passeavam de mãos dadas, repletos de amor e esperanças.

Tônia se esforçava, mas não conseguia deixar de olhá-los. E de sofrer. E de prometer vingança.

O sino da igreja bateu convidando os paroquianos à missa. Alguns poucos da praça adentraram o templo. A maioria, composta de jovens e crianças, continuou na praça, no mesmo movimento de circular o coreto, esperando a flechada de algum cupido desocupado.

Para fugir do tormento que era ver Carina e Alejandro juntos, Tônia entrou na igreja. Tinha uma pedra no lugar do coração. Persignou-se automaticamente. Olhou a figura do Cristo Jesus naquela incômoda posição com que o eternizaram. "Se Jesus morreu para perdoar os nossos pecados, então ele perdoará o que vou fazer" – pensava enquanto vibrava ódio.

Um fato digno de nota aconteceu assim que ela começou a agasalhar tais sentimentos. Como se fossem chamados por voz inaudível, vultos negros foram adentrando e se postando ao lado dela. Outros também se acomodaram rente a outros fiéis que oravam. Oravam? Não. Apenas diziam palavras decoradas. Sem o menor sentimento. Até o padre, pelo hábito de tantos anos, havia automatizado a missa, e aquilo que deveria ser um ato de fé, de congraçamento com Deus-Pai, tornava-se algo mecânico e inócuo. Na ilusão de receber sem doar, no desejo do menor esforço, enganavam-se a si mesmos. Não há colheita sem antes arrotear a terra, adubá-la, regá-la, lançar-lhe a semente e esperar que germine.

Nada a estranhar sobre a presença de Espíritos em igrejas. Nestas, bem como em todo lugar de oração, também nos lares, no nosso trabalho, eles estão presentes. Uns para ajudar, socorrer, oferecer a mão solidária... Outros para incentivar o mal, trazer sofrimentos. Muitas vezes ouvimos e seguimos o mal, trazendo dores. Depois inculpamos o destino. Chamamos de injustas as consequências. Ação e reação. Tudo devidamente encadeado nas leis divinas.

O padre, alheio ao drama de Tônia, começou seu sermão. Mas suas palavras não encontravam ressonância no coração dela. Então, Maximiliano, o seu guia espiritual, acercou-se dela. Os vultos negros se afastaram, mantendo-se a uma distância razoável.

"Minha filha! Acalme-se! Nada justifica tamanho desespero" – sussurrou-lhe o bom Espírito. – E, em seguida, espalmou alvas mãos sobre sua cabeça. Então as lágrimas, como uma chuva a lavar impurezas, abrandou um pouco seu coração. Mas não foram suficientes para modificar seu padrão vibratório. Ela, de alguma forma, agasalhava tal revolta. Satisfazia-se com ela. Não estava disposta a ceder. Alejandro havia-lhe dado esperanças. E agora... Não! Não ia cair naquele palavreado conciliador do Espírito bondoso. "Com certeza você nunca sofreu por amor; não sabe o que é ver seu sonho se transformar em pesadelo" – respondeu em pensamento.

"Criança, nunca julgue ninguém pela sua ótica. Geralmente consideramos a nossa dor bem maior que a do próximo. Agora corte esses fios escuros que a ligam àqueles pobres irmãos obsessores que você mesma chamou."

Tônia era médium. Embora nada conhecesse sobre Espiritismo, sabia da existência de Espíritos. A princípio, quando falou que os sentia e podia falar com eles, sua mãe e todos da família ficaram horrorizados. Depressa foi levada a um padre para ser exorcizada. Ela era ainda uma menina e ficou muito impressionada. Chegou a adoecer, não por causa dos Espíritos, mas pelo exorcismo, pelo medo que sentira. Foi uma coisa chocante ouvir o padre berrando: "Sai deste corpo, satanás! Volta aos infernos que é o seu lugar..."

Levaram-na, ainda, ao ex-escravo Tomásio. Ele examinou-a: "Voismicê num tem atrapaio ninhum, minha fia. Isso tudo é pra voismicê dá sua voiz pros santo" – E a benzeu com arruda. Receitou uns banhos de ervas, mas disse que aquilo era só um paliativo, que ela tinha mesmo de "*si disinvorvê*". Ninguém compreendeu o que Tomásio quis dizer.

De nada adiantou a exorcização do padre e nem as benzeduras do preto Tomásio, mas, daquele dia em diante, Tônia não contou a mais ninguém que continuava sentindo, vendo e até conversando com eles. A boca imensa do padre gritando com satanás e o cheiro forte do fumo que exalava de Tomásio eram motivos suficientes para mantê-la bem calada.

Sua avó havia-lhe contado sobre as bruxas da Idade Média, que sofriam cruéis perseguições por parte da igreja católica, e que eram queimadas vivas. A pobre Tônia perguntou-se, mais de uma vez, se também ela não seria uma bruxa e passou a temer a presença dos Espíritos. Começou a ter pavor das festas de São João, quando seus pais faziam uma grande fogueira na rua. Ela sempre dava uma desculpa para se ausentar e jamais esteve a menos de cinco metros de qualquer fogo.

Agora, ali na igreja, Maximiliano vinha em seu auxílio. Enquanto o sermão do padre lhe parecia distante, o guia espiritual continuava a lhe falar:

"Ah, minha filha! Se você pudesse saber o futuro, veria o quanto é feliz. Existem provações que só as grandes almas podem suportar... Não inveje Carina e Alejandro. Eles são almas comprometidas que se reencontram... Nada poderá separá-los. Eles têm um acerto de contas que deverão fazer juntos."

Tônia, ao ouvir a referência àqueles que eram o motivo de sua dor, fechou definitivamente a porta do coração ao bom senso. Rejeitou, com ódio, as palavras bondosas e, ao fazê-lo, desconectou-se com a luz.

Foi então que a força do mal, assim chamada, retornou. O anjo da guarda afastou-se, respeitando o livre-arbítrio da pupila. "Se você escolhe o caminho da dor..." – pensou entristecido.

Como que atraído magneticamente, outro Espírito a envolveu:

"Que faz aqui? Está procurando ajuda? Não sabe que os anjos desconhecem as razões do coração? Não sabe que para eles o sofrimento é considerado o melhor dos remédios? Então... você procura se livrar da dor convidando a dor ao seu convívio? Nós, da falange salvadora, a ajudaremos. Você tem todo o direito do mundo de ser feliz com quem ama. Dê uma lição na intrusa que quer atrapalhá-la. Sabe que essa mulher já roubou sua felicidade mais de uma vez? E você vai deixar que ela leve a melhor, novamente?"

"Amigos, ajudem-me! Quero o Alejandro para mim. Preciso dele! Se ele não puder ser meu, que não seja de mais ninguém! Que morra! Que morram os dois!"

"Agora você buscou as pessoas certas. Nós, sim, podemos ajudá-la. Confie em nós".

Quando Tônia se deu conta, estava sendo sacudida pelo padre:

– Filha, preciso fechar a igreja. Vá pra casa, você parece abatida.

– Sim, padre. Boa noite.

– Vá com Deus.

No pátio da igreja, muitos casais já se entendiam. Mas a roda dos que circulavam ainda era grande. O cupido já disparara todas as suas flechas e se fora.

Tônia, envolvida por vibrações pesadas oriundas de si mesma e de seus novos "amigos", caminhava sem rumo por entre os casais. Seu guia espiritual tentou falar-lhe novamente, mas encontrou todas as portas fechadas. Resolveu ajudá-la de outra forma. Localizou uma amiga dela e a sugestionou a conversar com Tônia.

– Olá, Tônia. Que cara é essa?

– Oi, Dolores...

– Santo Deus! Você está com uma expressão fúnebre... Posso ajudar?

– Não. Ninguém pode. Sou uma desgraçada e se um raio me fulminasse agora, morreria feliz.

– Não diga tolices, Tônia! Tudo na vida passa.

O guia espiritual envolveu Dolores:

– Vamo-nos sentar ali. Sinto que você não está bem.

Tônia deixou-se conduzir. O Espírito trevoso que liderava o grupo não gostou da intromissão. Tentou agredir Dolores, mas ela estava sintonizada com a luz e as trevas passaram distante.

– Tônia, o que aconteceu?

– Nada.

– Não é verdade. Desabafe, quem sabe posso ajudar?

O Espírito do mal, bastante irritado, gritou:

"Intrometida! Vou lhe dar o que merece" – e desfechou violento soco na cabeça de Dolores. Porém, Maximiliano estava atento e aparou o golpe, neutralizando o efeito. Em seguida, disse energicamente:

"Agora chega! Desapareçam daqui. É uma ordem!"

"Quem você pensa que é para nos dar ordem? Não percebeu que ela prefere a nós?" – disse um deles, apesar de não poder ver Maximiliano.

"Só o que sei é que vocês agora vão embora daqui. Com amor sei que não irão... então... – e tirou um pequeno aparelho do bolso: Quem sabe se com isso vocês se decidam."

Ninguém esperou para ver o aparelho em ação. Debandaram. Já conheciam seus efeitos desastrosos e doloridos.

Dolores abraçou Tônia.

– Minha amiga. Diga o que a faz tão infeliz. Esses olhos azuis estão afogados em lágrimas.

– Ah, Dolores. Sou uma infeliz...

– Não diga isso! Você é ainda uma menina! Dezoito anos! A idade onde se vê tudo cor-de-rosa!

– Vejo tudo negro! Minha esperança de felicidade acabou-se!

E novamente os soluços sacudiram-na.

O amigo espiritual envolveu novamente Dolores, que falou:

– Você nem parece cristã. Por que não recorre a Jesus? Por que, ao invés da revolta, não cultiva a fé? Conte-me o que aconteceu.

Tônia, entre soluços, desabafou sua mágoa. Enquanto ouvia, Dolores vibrava paz para a amiga, cujo corpo perispiritual mostrava-se denso, como que envolto em um manto negro.

– Tônia, você sempre foi muito mimada, desculpe-me a franqueza. Acostumou-se a ter tudo o que quer, então, agora que não pode ter quem você julga amar, revolta-se.

– Espere, aí...

– Não. Você espera. Há coisas na vida que nos fogem do controle. Por mais que batamos os pés, elas acontecem sem que tenhamos forças para impedi-las ou mudá-las ao nosso gosto.

Altiva e rebelde, Tônia respondeu:

– Pois eu vou mudar isso! Decidi que Carina não vai ficar com Alejandro e ela não vai ficar. Viu os dois? Viu que melação?

– Olha, Tônia. Creio que você quer tanto o namorado da Carina apenas porque a odeia; porque quer prejudicá-la de alguma forma. Vocês duas sempre se evitaram; já nasceram rivais.

– É verdade. Sei que Carina já me prejudicou muito...

– Quando, criatura? Você não está falando coisa com coisa. Nunca soube que ela a tenha prejudicado. Carina não é esse tipo de pessoa. Tem gênio forte, isso sim, mas prejudicar alguém... Aliás, vocês se conhecem há bem pouco tempo e mal se falam!

– Os Espíritos... Eles me contam!

– O quê?! Você está doida! – e se persignou.

– Não estou doida. É a pura verdade.

– Você não disse que eles foram exorcizados? Que nunca mais...

– Eu disse. Para me deixarem em paz. Continuo ouvindo-os. Muitas vezes os vejo.

– Jesus, Maria, José!

Dolores era católica e tinha horror a Espíritos. Uma ocasião fora convidada a assistir, na casa de uma vizinha, a uma manifestação do plano espiritual. Ficou impressionada, pois a médium, sem conhecimento, sem nenhuma base doutrinária, sem educação mediúnica, deixou o Espírito gritar, fungar, bater na mesa, derrubá-la e fazer outros absurdos mais. Daí por diante, ela nunca mais quis saber de Espíritos ou Espiritismo. E por esse ano de 1936, o Espiritismo ainda engatinhava em alguns lugares. A igreja dizia que Espiritismo era coisa de Satanás, e isso aumentava ainda mais o preconceito. Admitir-se que era espírita era oferecer o rosto à bofetada. Procuravam-se médiuns às escondidas, quando se precisava de algum socorro. Como os primeiros cristãos, foram também, os primeiros espíritas, muito injustiçados. Muito colaborou para isso a falta de orientação, de estudos mais apurados por parte daqueles que se diziam espíritas, mas não conheciam a obra básica da codificação de Allan Kardec. Até hoje se confunde Espiritismo com outras religiões, porque têm em comum o fenômeno, ou seja, a mediunidade, a incorporação. Todavia, o fenômeno em si mesmo não traduz a Doutrina dos Espíritos. Com todo o respeito que outras religiões espiritualistas nos merecem, convém observar que há diferenças fundamentais entre elas. Cada qual se rege por seus postulados próprios. Mas Dolores não tinha condições de avaliar, pois desconhecia as obras da codificação. Infelizmente, ainda hoje vemos presidentes de centros espíritas que desconhecem as já citadas obras de Kardec e introduzem, por conta própria em suas casas espíritas, novidades nem sempre recomendáveis.

Tônia parara de chorar. Dolores perdera a conexão com a luz. O fato de temer os Espíritos a colocava numa posição defensiva. Foi como desligar o plugue da tomada. Então a conversa desandou:

– Pobre Tônia! Como você tem sofrido, amiga! Agora eu estou compreendendo...

Tônia ficou feliz. Ouviu o que queria ouvir.

– O Alejandro me deu esperanças. Depois, aquela sonsa da Carina apareceu. Não sei não... Acho que...

Parou no meio da frase e olhou a amiga.

– Diga. O que você acha?

– Acho que ela fez algum trabalho para amarrar o Alejandro. Só pode!

– Macumba?

– Macumba. Feitiçaria... Sei lá. Acha que ela seria capaz disso?

– Impossível não é. Em questão de amor tudo é possível. Carina parece boa pessoa, mas não a conheço o suficiente para afirmar que ela seria incapaz de fazer isso.

– O que você me aconselha?

Dolores meditou um pouco. O bom guia tentou novamente influenciá-la e novamente se decepcionou.

– Ora, você não é amiguinha dos Espíritos? Não fala com eles? Então?

– Não adianta. Ainda há pouco, na igreja, eu ouvi distintamente o que um deles me dizia.

– Jura? Ai. Estou toda arrepiada! O que ele disse?

– Para eu desistir do Alejandro. Disse que os dois são almas afins, que têm uma missão ou coisa parecida; que ninguém vai separá-los. Ah, isso não é justo!

– Quem pode garantir que era um Espírito do bem? Que quer a sua felicidade? – afirmou Dolores.

– Eu sinto quando o Espírito é do bem.

– Você não disse que estava muito nervosa? Pode não ter sentido direito.

Tônia agasalhou aquela ideia. Ela lhe era plenamente satisfatória. Resolveu acreditar. Dolores acrescentou:

– Consulte outro Espírito. Um que queira a sua felicidade e afaste Carina do seu caminho.

O guia espiritual não quis ouvir mais nada. Procurara Dolores para ajudar e acabara complicando ainda mais a situação, que já não era boa. "Paciência. Minha intenção foi das melhores. Agora preciso ficar ainda mais atento. Sabe-se lá o que essas duas malucas podem aprontar? Pedi para ser o amigo espiritual de Tônia nesta existência, pois somos muito amigos e ela já foi minha filha em passado remoto, mas não contava com sua teimosia. Vejo que não é fácil ser anjo da guarda de cabeças duras" – disse a si mesmo Maximiliano.

– E então? Já sabe o que vai fazer? – perguntou Dolores.

– Preciso pensar. Quem tem de zelar pela minha felicidade sou eu mesma. "Cada um pra si e Deus para todos".

– Se precisar de alguma coisa, pode contar comigo. Amiga é pra essas coisas...

O sino bateu nove badaladas. A praça estava quase vazia. Carina e Alejandro caminhavam de mãos dadas no enlevo do amor. Ele sepultou a incômoda premonição sobre os sonhos nos refolhos da alma e negou-se a se preocupar. "A cada dia bastam as suas preocupações" – lembrou. E tratou de ser feliz ao lado de sua Carina.

Passavam, agora, por duas senhoras sentadas em cadeiras de balanço, na calçada. Era o programa favorito delas – olhar e falar da vida alheia. Era aquele o bairro das Hortênsias, reduto dos espanhóis.

– Mira. Que pouca vergonha. Numa hora dessa e a Carina com o Alejandro na rua. Fazendo sabe-se lá o quê. Ai que saudade da Espanha! Aqui no Brasil há muita permissividade.

Carina ficou branca. Conhecia muito bem a língua afiada daquelas matronas. Procurou ser gentil:

– Boa noite, dona Constança, dona Quitéria. Que noite agradável, não é mesmo?

Alejandro também as cumprimentou. As duas ficaram meio sem jeito, mas responderam ao cumprimento.

– Pode crer que amanhã estaremos no jornal. Essas fofoqueiras vão espalhar por toda a Sorocaba! Você vai ver.

– E daí? Deixe que falem. As coitadas não têm outra distração senão comentar a vida alheia.

– Só que vão exagerar. Vão dizer que eram dez horas ou mais! Se chegar aos ouvidos dos meus pais... Nem quero pensar!

– Agora são vinte e quarenta. Estamos chegando.

– Você vai entrar?

– Quer que eu entre?

– Claro!

– Então vamos lá. Quero falar com seu pai ainda hoje. Vamos casar?

– Vamos.

6 | *O pedido de casamento*

Enquanto Tônia se desmanchava em lágrimas junto a Dolores, Carina e Alejandro não cabiam em si de contentes.

O consentimento foi dado com muito gosto pelo pai de Carina, o senhor Juan.

– Mas claro! Só que não sou a favor de noivados longos. Não vá ficar empatando Carina por muito tempo.

Carina ficou branca de vergonha. Que tinha seu pai de falar aquilo? Parece que estava forçando o rapaz a casar-se logo.

– Eu também não quero noivar muito. Mais alguns meses vou colher minha lavoura de algodão, então terei dinheiro para comprar alguns móveis e ainda dar uma festinha para a família.

– Assim é que se fala. Venha daí um abraço.

Todos estavam felizes.

– Mas precisamos fazer uma festa de noivado. Quando você vai comprar as alianças, Alejandro? – perguntou Rosalina, uma das irmãs de Carina.

– Só vou ter algum dinheiro no fim do mês.

– Então fica combinado. No mês que vem você traz as alianças e ficam noivos oficialmente. Com direito a bolo e vinho! Que glória! Vou me livrar de Carina – brincou a irmã.

Tônia quis passar em frente à casa de Carina. O coração lhe dizia que a encontraria por lá, com Alejandro. Ia pensando em tudo o que acontecera; na interferência espiritual e nas palavras de Dolores.

De repente, sentiu-se envolvida. Quis rejeitar a aproximação do Espírito, mas uma força maior a inibiu e ela ouviu, malgrado sua vontade:

"Ah, minha menina! Por que se torturar assim? O que pode uma gota d'água contra o oceano? Uma brisa contra um furacão? Não adianta dilacerar o coração quando tudo já ficou acertado. Seja humilde e evitará muita dor presente e futura".

“Não vou desistir assim tão fácil. Não sei quem é você, mas por certo não é meu amigo, pois protege minha rival. Acaso não sabe que eu amo Alejandro? Que não posso viver sem ele?”

“Volto a lhe afirmar, Tônia. Desista. Você não sabe do programa espiritual que está reservado a cada um. O que Carina e Alejandro vão viver só é possível para almas determinadas, como já lhe disse. Mas vejo que você ainda não tem “ouvidos de ouvir e olhos de ver”, como disse Jesus.

“Nada entendo do que você está falando... Almas determinadas... programa espiritual de cada um... você está querendo me confundir”.

Tônia cortou imediatamente a conexão ao ver Carina e Alejandro, que naquela hora se despediam. Escondeu-se atrás de uma árvore. Seu coração bateu descompassado ao presenciar o beijo de despedida.

O guia espiritual ficou ali por perto, mas não tentou reatar a conversa. Não seria ouvido, tal a excitação nervosa que a envolvia. Naquele momento, ela era um ímã a atrair para si somente negatividades.

Tônia desejou ardentemente estar no lugar da rival; ser beijada por Alejandro... Então, as forças sexuais da alma manifestaram-se naquele corpo jovem, cujos hormônios fervilhavam.

Apesar de mergulhada na mais dolorosa revolta, o desejo a possuiu de forma violenta. Espíritos de formas animalescas alegraram-se com a possibilidade do prazer vislumbrado. Tônia voltou a soluçar. Olhou o relógio. Eram quase vinte e duas horas, e um vento pressagiava chuva iminente. Ela encolheu-se e esperou que Alejandro retornasse a sua casa. Viu quando Carina entrou. Alejandro abraçou-a uma vez mais e ela saiu correndo para o interior da casa, pois o pai a mandara entrar imediatamente.

Tônia esperou que Alejandro se distanciasse um pouco e o abordou.

– Tônia! Que susto! Que faz na rua numa hora dessas?

– Alejandro, eu...

Não pôde continuar falando. A voz travou-se-lhe na garganta. Alejandro já se incomodava com aquela insistência. Quase rudemente, perguntou:

– O que você tem? Andou chorando?

Ela fungou. Ergueu a cabeça loura e falou:

– Alejandro, espero que você não pense mal de mim...

Queria jogar-se em seus braços, mas a decência a impedia.

– Por que eu haveria de pensar mal de você? Ora essa... Conhecemo-nos há tão pouco tempo...

– Eu o conheço desde muito tempo. Você está dissimulando... Também me conhece há bastante tempo. Vai negar que não ia me pedir em namoro sábado passado lá na praça? Não minta; seu amigo Nilson me contou. – E aproximou-se mais, cheia de dengo e insinuações.

– Eu?! Ia falar com você? *"Aquele linguarudo do Nilson!"*. Sabe, Tônia, aquilo tudo foi um plano meu para fazer Carina voltar pra mim. Desculpe-me. Sei que não devia... Que a usei... Puxa... Desculpe-me.

– Desculpar você? Nunca!

– Eu não a compreendo. Você está bem? Não me lembro de tê-la ofendido...

– Você ressuscitou um amor que estava acomodado. Dormindo. Quando eu soube que você pretendia me pedir em namoro, exultei de felicidade, e o meu amor, conformado em não ser correspondido, despertou com todas as fúrias do inferno.

Alejandro ia caminhando, quase sem acreditar

no que ouvia. Percebeu que Tônia estava completamente descontrolada. Ele próprio começava a se descontrolar. Algumas pessoas passavam por eles e os olhavam, espantados, pelo adiantado das horas. *"Meu Deus, tomara que ninguém tenha a infeliz ideia de noticiar isso no jornal das fofocas. Carina não acreditaria em minha inocência"*.

Já estava perto de sua casa e Tônia não parava de falar, de acusá-lo.

– Tônia, eu lhe peço perdão. Reconheço que fui um estúpido. Agora volte para sua casa. É muito tarde.

– O mínimo que você pode fazer agora é me acompanhar até minha casa. Só assim posso desculpá-lo – mentiu, pois não tinha a mínima intenção de desculpá-lo.

– Mas eu... Sabe... Não posso. Acabei de ficar noivo da Carina. Se alguém nos vir juntos vai ser um quiproquó daqueles.

– *Mama mia!* Que cavalheiro é você, que deixa uma mulher sozinha no meio da noite, correndo perigo, *an*? Está com medo da noivinha? Ela já lhe colocou cabresto assim tão depressa?

Alejandro pensou um pouco. Sentiria remorsos se alguma desgraça acontecesse com ela. Achou melhor fazer o que ela lhe pedia; era o preço de sua imprudência.

– Então vamos logo. Daqui a pouco este temporal que está se formando sobre nossas cabeças vai desabar.

– Não tenho pressa nenhuma – disse com ironia.

– Mas eu tenho.

Alejandro falou com agressividade. Estava realmente surpreso, jamais esperava uma atitude tão baixa de uma moça que até então ele achava pudica e educada. Mas a vida tem dessas surpresas. Raramente somos, no nosso íntimo, como nos mostramos no dia-a-dia. Maquiamo-nos. Dissimulamos. Fazemos rostos angelicais para ocultar a feiúra da alma. Quando ainda no plano espiritual, fazemos promessas de reajuste, de capitulação; afinal, lá é o mundo da verdade, da realidade, seja ela qual for, e aqui, o das ilusões.

Na espiritualidade, essas três criaturas já eram velhas conhecidas. Hoje, participam juntas nas deliberações sugeridas pela casa espiritual que os acolhera no passado. Tudo fora acertado. Todos estavam de acordo. Para Alejandro e Carina, principalmente, seria uma das reencarnações mais importantes da eterna vida. De seu êxito dependia a felicidade futura. Há ainda um quarto elemento envolvido com os três e que fora o marido traído de Tônia numa existência anterior. Mas não antecipemos os fatos. Na hora certa, falaremos dele.

O reencontro dos quatro deveria se dar neste ano de 1936, quando iniciamos nossa narrativa. Voltemos aos fatos.

O vento soprava com violência, arrancando folhas secas das árvores. As nuvens corriam. Pesadas. Escuras. Carregadas de eletricidade. Um trovão ribombou e Tônia estremeceu. Aproveitou a desculpa para abraçar-se a Alejandro.

– Tudo bem. Não foi nada – disse, afastando a moça com delicadeza.

– Leve-me pra casa, por favor. Estou com muito medo.

Alejandro olhou seu relógio de bolso. Uma coruja passou em voo rasante, com seu pio agourento.

– Vamos. *"Só me faltava essa! Que moça esquisita!"*

– Obrigada. Nem sei como lhe agradecer.

– Eu sei.

– Como?

– Deixando-me em paz.

Tônia não se irritou com a resposta seca. Estava feliz por estar perto dele. Viveria aquele momento. Se pudesse, pararia ali o tempo.

Mal caminharam alguns metros e a chuva caiu. Torrencial. Borrascosa. Os raios riscavam o céu e iluminavam a terra. Alejandro procurou um lugar para se abrigarem. Não encontrou nada. A maioria das casas nem varandas tinha; as janelas e portas eram construídas à beira da calçada, de forma que se ouvia dos quartos até o sussurro de quem passava na rua.

Uma sombra densa envolveu Tônia, então ela se lembrou:

– Ali, bem na esquina, tem uma casa para alugar. Está vazia. Podemos nos abrigar lá até a chuva passar.

Iam correndo e falando.

– Mas já é tarde e sua casa é logo ali. Seus pais vão ficar preocupados.

– Não vão. Estou sozinha em casa. Meus pais estão viajando. Só minha prima está comigo e a esta hora já está dormindo.

Chegaram à tal casa. Tônia estava trêmula. Em sua fantasia via-se ali, com o amado, trocando carícias longe de olhares indiscretos. Para espanto de Alejandro, retirou uma chave da bolsa.

– Pronto. Aqui está.

Vendo a interrogação nos olhos de Alejandro, explicou.

– Você sabe que meu pai é corretor, não sabe?

– Não sabia.

– Pois ele é. Esta casa está com ele para ser alugada ou vendida. Por sorte também tenho uma cópia da chave. Às vezes, quando meu pai não está, eu mostro a casa aos interessados.

Alejandro estava cismado. O olhar de Tônia parecia labaredas que queimavam. A moça não estava em seu juízo perfeito.

– A casa está vazia. Ficaremos aqui até o temporal passar.

Um trovão estremeceu a terra. Tônia abriu a porta e entraram. Ambos estavam encharcados.

Havia uma lamparina e um isqueiro no chão, perto da porta. Tônia a acendeu e uma luz oscilante iluminou a sala.

– A energia elétrica está desligada.

Alejandro começou a ficar ainda mais desconfiado. Como para confirmar suas suspeitas, Tônia foi até um dos quartos e trouxe de lá um cobertor, com o qual forrou o chão.

– Vamos nos deitar aqui. Não é muito confortável, mas é melhor do que ficar em pé.

– Você não disse que não havia nada na casa?

– Só tem esse cobertor. A lamparina e o isqueiro são de meu pai. Outro dia faltou energia e um cliente veio ver a casa à noite. Quanto ao cobertor, acho que dona Assunta, que morava aqui, não quis levá-lo. Veja como já está puído.

De repente, a mesma sombra que envolveu Tônia, envolveu também Alejandro. Ele se sentiu tentado a ficar ali com ela. Afinal, a moça estava se oferecendo e... era um bocado bonita.

Sentiu o perigo. Lembrou-se de que ficara noivo de Carina. E o bom senso falou mais alto:

– Então, você fica. Está abrigada do temporal.

Poderá até passar a noite aqui, pois seus pais não estão. Amanhã bem cedo você vai para sua casa.

Tônia agarrou-se a ele:

– Pelo amor de Deus! O mundo está desabando lá fora e eu morro de medo de tempestade! Sou capaz de morrer. Não tem coração?

Armando-se de toda a paciência de que era capaz, Alejandro lhe disse:

– Veja bem, Tônia. Eu mal conheço você. Nem sei por que caí nessa esparrela. Se pensa que vou passar a noite aqui com você, para comprometer-me, está enganada.

– Não é nada disso!

– Agora percebo sua intenção. Quer me forçar a casar-me com você; quer me separar de Carina...

– Você está me ofendendo!

Tônia começou a tremer, a bater os dentes, a dizer coisas desconexas, como se, de repente, algum espírito lhe dominasse a fala.

Assustado, Alejandro forçou-se a se acalmar. Já tinha presenciado, algumas vezes, a manifestação mediúnica. Tônia era médium, como já dissemos. Alejandro espalmou a mão sobre sua cabeça e começou a orar. Queria que o Espírito fosse embora, mas ao invés disso ele ficou ali, sintonizado com Tônia. Depois de alguns minutos, disse, pela voz rouca da médium:

– Enfim, nos encontramos! Andei muito tempo a sua procura. Agora não vai ser fácil se livrar de mim, Dom Cristhofer!

– Dom Cristhofer?! Aqui não tem ninguém com esse nome. Não sei do que o irmão está falando...

– Irmão? Irmão uma pinoia! Não me venha com sua melúria. Não sou seu irmão, e não esqueci sua ofensa. Apesar de tê-lo induzido ao suicídio, não foi isso suficiente para aplacar meu ódio. A freirinha também não foi esquecida e não perde por esperar.

Tônia resfolegou. Um rictus de ódio desfigurava-lhe o rosto bonito. A entidade espiritual continuou:

– Eu e Tônia estamos juntos nessa vingança. Fomos suas vítimas no passado. Então... Cuidado. Pra mim é bem mais fácil. Graças a Deus, estou livre do corpo pesado e posso segui-lo a qualquer parte. Tenho todo o tempo do mundo, não vai ser como na Espanha, onde o trabalho me consumia.

Tal Espírito rancoroso fora o marido traído de Tônia na existência imediatamente anterior à atual. Ele não reencarnara. Queria vingar a qualquer preço a traição sofrida. Também não perdoara a mulher adúltera e era um dos mais cruéis obsessores de Tônia. Era ele o quarto elemento a quem o trio estava ligado.

A chuva continuava lá fora. Parece que os céus também estavam contra Alejandro.

O Espírito continuou falando. Alejandro desistiu de argumentar com ele. "Será que esse tal Dom Christhofer fui eu no passado? E a freirinha? Carina teria sido freira em outra existência? Sabemos que o corpo é apenas uma roupagem do Espírito eterno; sabemos que podemos ludibriar a justiça dos homens, comprá-la quando temos dinheiro ou influência... mas da justiça de Deus... dessa ninguém escapa".

Depois de algum tempo, Tônia se sacudiu toda e voltou ao normal. Era médium semiconsciente e retivera algumas palavras que a entidade espiritual dissera.

– O que significa isso, Tônia? Que diabos aquele Espírito quis dizer, quando falou em revanche? Ele disse que vocês estão juntos nessa vingança. Que vingança, Tônia?

Alejandro estava sereno, apesar de tudo. Pelo medo ou pela fé, estivera em oração mental. Algo de outra existência havia emergido e ele sentiu que aquela página de sua eterna vida já havia sido escrita, alhures.

O medo insistia em fazer ninho em sua alma, mas era sempre rechaçado. Uma alma nobre ali estava.

– Não ligue para o que ele falou.

– Como não ligar? E você é médium, precisa ver se por aqui tem algum bom centro espírita para educar sua mediunidade.

– Não conheço nenhum, mas mesmo que conhecesse, não frequentaria. Tenho medo.

– Então procure adquirir os livros de Allan Kardec. Eu tenho *O Livro dos Espíritos* e o *O Livro dos Médiuns,* se estiver disposta a lê-los eu lhos empresto.

– Não sou dada a leituras. Logo me dá sono.

– É uma pena. Iria aprender muito, como por exemplo: Para se receber um desencarnado, não precisa se sacolejar tanto. Você tem de dominar o Espírito, e não deixar que ele a domine. O Espírito tem de saber que está usando seu corpo e precisa respeitá-lo. Aprenderia, também, a só dar passividade na hora estipulada para isso, não ao bel prazer do desencarnado.

– Morro de medo dessas coisas. Uma vez, quando contei para minha mãe que eu via, falava e até recebia essas almas do outro mundo, ela ficou desesperada. Minha melhor amiga se afastou achando que eu era uma bruxa. Mamãe chamou um padre. Ele benzeu tudo lá em casa, depois exorcizou o Espírito. Foi horrível. Eu menti que havia ficado boa. Então, frequentar um centro, Deus me livre!

– Você está falando sem conhecimento de causa. Um bom centro é uma casa de Deus também. Como uma igreja, uma mesquita ou nossa própria casa. Aqui não sei de nenhum, mas em São Paulo conheço vários. Quando morei lá, costumava frequentar um grupo espírita. Muito aprendi.

– Você não vai me convencer, *an*?

Falava nem tanto por ela mesma, mas por sugestão do Espírito que continuava ali.

– O prejuízo será todo seu. Sei que você é católica, ótimo! Então, pelo menos seja uma boa católica. Coloque em prática os ensinamentos sobre o amor e o perdão. O Catolicismo é uma religião cristã, então seja cristã.

O querosene da lamparina estava se extinguindo. A chama do pavio parecia delicada bailarina a projetar sombra na parede. A chuva havia passado completamente.

– Bem, a chuva passou.

Olhou seu relógio: 1h20.

– Vou indo. Quer ficar aqui ou ir para sua casa?

– Ir para minha casa.

Ao saírem à rua, cruzaram com alguns rapazes, que os olharam, curiosos.

– Depois de amanhã sairá o Jornal das Fofocas. Pode crer que seremos lembrados.

Tônia deu de ombros. Sentia-se humilhada.

7 | *Rivais*

O domingo amanheceu limpo. Lavado. Carina estava radiante. Do outro lado da rua, viu Tônia. *"Uma sorte a Zélia ter avisado sobre essa sonsa cabeluda. Aposto que ela já estava toda animadinha, achando que Alejandro falaria com ela... Pois sim! Pode esperar sentada".*

Tônia atravessou a rua. Carina fingiu não vê-la e ia-se afastando quando ela a segurou pelo braço:

– Tá tão orgulhosa assim só porque reatou o namoro, *an*? Grande coisa!

– Por que não cuida só da sua vida e deixa a minha em paz? Acho que isso não é da sua conta.

– Será que não? Acha que o Alejandro já está preso? Como você o amarrou, *an*? Foi feitiçaria? Mama mia! Que coragem!

Tônia falava e tremia. Uma espuma branca se formava nos cantos de sua boca. Carina percebeu que ela estava a fim de fazer escândalo. Por sorte, dona Evarista ouviu a discussão:

– Olá, Tônia. Como vai? E sua mãe? Ela recebeu as frutas que mandei? São frutas aqui do meu quintal. Estavam boas, não estavam?

Tônia envergonhou-se de estar ali com tanto ódio no coração. Dona Evarista era uma boa mulher. Vivia mandando frutas do seu quintal para a vizinhança toda.

– Sim, dona Evarista. Recebemos. Minha mãe ainda não agradeceu porque está viajando. Mas as laranjas estão excelentes.

– Que bom. Quando eu colher o feijão, vou mandar um pouco pra vocês. Feijão novo é uma delícia.

Tônia perdeu toda a arrogância. Sentiu-se pequena ante o gesto de amor de dona Evarista. O amor é o melhor antídoto contra o mal. É escudo que nos protege. Quem pratica amor chama a si as energias divinas que repudiam todo sentimento contrário. Compreensível.

Quando Tônia se afastou, Carina censurou a mãe:

– Precisava ser tão melosa com ela, mãe? Não ouviu as grosserias que ela me falou?

– Ora, vocês, jovens, são tão senhores de si! Parece que são os donos do mundo; os donos da verdade. São orgulhosos, egocêntricos, veem maldade em tudo, acham que são espertos, que os mais velhos estão ultrapassados... Não são capazes de compreender e amar quem não os ama.

– É claro! Tem cabimento eu amar um inimigo?

– Se você pusesse em prática os ensinamentos cristãos, não pensaria assim.

– Não é fácil, mãe. A Tônia não merece o amor de ninguém! É uma cobrinha.

– Mas Jesus amou seus inimigos a ponto de pedir a Deus que os perdoassem.

– Mas também... Jesus, né?

Estavam conversando, quando Alejandro chegou:

– Podem continuar conversando.

– Imagine, Alê, que mamãe acha que somos iguais a Jesus para amar o nosso inimigo. Eu não consigo nem suportar a Tônia, que dirá amá-la. Aquela despudorada! Teve o acinte de vir me provocar!

Alejandro teve um choque ao se lembrar da moça. *"Ah, se você soubesse que estivemos juntos durante tanto tempo durante o temporal... Aí sim, odiaria ainda mais a desajustada da Tônia"*.

– Bem, vou entrar. Vê se você coloca um pouco de juízo nessa cabeça dura da sua noiva, viu, Alejandro?

Os dois também entraram e ficaram conversando na varanda.

– Carina, não precisamos ser um Jesus para amar o nosso próximo.

– Ah, não? Então você quer milagres. E milagres eu não sei fazer.

– Na verdade, nem Jesus fez milagres. Milagre é tudo aquilo que não compreendemos. Milagre seria derrogar as leis de Deus, e o próprio Jesus disse que não veio ao mundo para derrogá-las.

– Você não fala coisa com coisa. Não estou entendendo. Jesus fez milagres, sim.

– Não. Não fez. Ele sabia coisas que nós ignorávamos, que ainda hoje ignoramos. Ele, um Espírito de uma envergadura moral/espiritual muito grande, sabia manipular as forças da natureza, transformá-las conforme seu desejo. Isso acontece todos os dias nos laboratórios. Para o leigo, é um milagre ver as transformações dos elementos químicos quando misturados. Ao se acrescentar uma parte de determinada substância a outra, pode-se transformar algo saudável em veneno corrosivo. Não consegue imaginar Jesus detentor de todos esses conhecimentos e muitos mais?

– Acho difícil compreender.

– Também Moisés, que fez tantas coisas tidas por milagres, usou apenas os seus conhecimentos. Conhecimentos que os leigos ainda não tinham. Moisés foi um grande médium e sabia manipular os elementos da natureza.

– Tudo bem... mas amar os inimigos...

– Tudo é uma questão de interpretação. Lemos no Evangelho que Jesus não disse para amarmos o inimigo como amamos os amigos, mas amá-lo no sentido de compreendê-lo; de não querer vingança... Estamos ainda longe disso, mas um dia chegaremos lá. Jesus nada recomendava que não fosse possível fazer. Ele foi o bom senso encarnado, a personificação do amor.

– Tá bom. Mas você não veio aqui para me

falar de um assunto tão controverso, né? Eu não entendo muito dessas coisas e já estou ficando nervosa. Só a lembrança daquela italiana com seus "*an*? *an*?" já me deixa tensa!

Carina era ainda muito jovem, mas já mostrava um gênio difícil. Mandona. Tudo tinha de ser feito a seu modo. Mas era de um grande coração. Estava sempre disposta a ajudar quem quer que fosse. Assim que viu Alejandro, soube que nasceram um para o outro. Enquanto ela era turrona, ele era cordato. Enquanto ela se impacientava, ele era a paciência personificada. Enquanto ela era guerra, ele era paz.

Conversaram sobre sua lavoura de algodão, sobre os móveis que deveriam comprar. Fizeram planos coloridos para o futuro, mas Carina não conseguia esquecer a italiana, e isso se refletia no semblante carregado.

– Carina, você está distante. Parece que nem ouviu o que eu disse. Respondeu tudo automaticamente – queixou-se o rapaz.

– Alejandro, alguma vez você deu esperanças a Tônia? Ela está tão revoltada! Ela me olha com tanto ódio, que eu me sinto aturdida! Não dá pra entender. Parece até doença!

– Eu nunca dei esperanças a ela. A não ser uma pequena mentira.

– Mas que mentira? Desde quando você aprendeu a falar mentiras?

– Foi uma coisa boba. Por que você foi à praça ontem?

Carina deu um sorriso amarelo.

– Fui porque a Zélia me contou que você ia pedir a Tônia em namoro. Ai que ódio!

– Então. A mentira foi essa. Falei com um amigo e ele se encarregou de espalhar. No fundo, era o que eu queria – que você soubesse que eu não estava mais a fim de esperar pelo seu perdão. Mas não era para Tônia saber. Aquilo tinha endereço certo. Era para você. E deu certo, não deu?

– Mas que safado! E a tonta aqui nem desconfiou.

– Já ouviu dizer que "o que é do homem o bicho não come?"

Ele falaria com mais propriedade se dissesse: Ninguém foge daquilo que está traçado pelo plano espiritual. O que temos de colher... colheremos. Cedo ou tarde.

Alejandro não tinha diploma universitário,

mas sempre fora interessado em aprender. Ademais, na existência imediatamente anterior, fora culto, e nada do que aprendemos se perde pelas novas reencarnações. Tudo fica registrado em nossa mente espiritual e, quando precisamos, é só levantar "a ficha" nos arquivos, ou, modernamente falando: inserir o *backup* no computador.

Ficaram fazendo planos para o casamento. Depois Alejandro se foi. Ela ficou ali por mais algum tempo. A lembrança de Tônia voltou a incomodar. Sentia-se insegura. *"Não sei, não... Alejandro foi tão evasivo"*.

Nossa alma possui muitos departamentos desconhecidos. Aquela sensação desagradável em relação a Tônia, não era o principal motivo de sua preocupação. Outro havia que nem ela nem Alejandro saberiam no momento: a sabedoria de Deus se manifestando. Esquecer o passado para poder recomeçar no presente; ratificar, entender, perdoar, perdoar-se...

Rosalina, sua irmã, a tirou dos pensamentos conflitantes:

– Credo! Que cara azeda é essa? Não está feliz?

– Sua bocó! – respondeu, brincando. – Estou feliz e aposto que você está morrendo de inveja!

Vamos ver uma casa para alugar. Alê disse que tem uma aqui por perto. Vou me casar e você vai ficar pra tia!

– Só porque você quer! Sua pretensiosa!

– Ainda não apareceu ninguém, confesse.

– Já apareceram vários. Mas sou muito seletiva e tem mais...

– Mais o quê?

– Não sou de ficar correndo atrás de namorado. Pra mim, acabou, acabou. Não vou ficar correndo atrás para reatar. Tem tantos homens no mundo...

Carina ficou vermelha e furiosa.

– Do que você está falando, sua intrigante? Quem correu atrás de quem?

Rosalina deu uma sonora gargalhada.

– Não venha posar de santinha pra cima de mim, maninha! Pensa que não sei por que você foi à praça ontem? Nossa! Imagino como seu coração pulou quando soube que Alejandro ia pedir a Tônia em namoro. E a Tônia não é de se jogar fora... Que olhos que ela tem!

– Olha aqui, Rosalina, é bom parar com isso. Se gosta tanto da Tônia, por que não a namora?

– Ora, meu bem. Só se ela fosse homem. Já imaginou que homem seria?

– Mas já que é mulher...

– Já que é mulher, deixo a bonitona para Alejandro. Aliás, ele já andou esticando os olhos pra ela, o safado!

Dona Evarista chegou e pôs fim à discussão.

– Mãe, qualquer dia amasso o nariz da Rosalina.

– Vamos parar. Chega!

Briga entre irmãos é chuva de verão. Dali a pouco estavam trocando confidências. Riam, pois a juventude e o riso têm tudo a ver.

Carina estava preocupada era com o tal jornal das fofocas, aquele, que era o dedo duro da cidade.

– Rosalina, você nem sabe, menina! Ontem, quando eu e o Alejandro voltávamos da praça, de mãos dadas, aquelas duas fofoqueiras estavam sentadas na calçada. Uma delas chegou a nos apontar. Cochicharam entre elas. Devem ter destilado litros de veneno, as víboras!

– E daí? Você vai ligar para duas caducas? Aquelas estão esclerosadas há muito tempo.

– Esclerosadas, é? Estou preocupada. Não vejo a hora de ler o folhetim dos fofoqueiros.

– Acha que vão falar alguma coisa?

– Tenho quase certeza. O sobrinho daquelas pestes é o fundador daquele maldito folhetim. Acha que elas não vão dar com a língua nos dentes? Elas se consideram a personificação da moral e dos bons costumes.

– Então se prepare. Se o pai ou a mãe virem...

– Se não virem, pode crer que alguém mostrará a eles. Conheço muito bem essa espanholada toda. Essas... essas matronas, porque não têm nada pra fazer, tomam conta da vida alheia.

– E depois, na missa do domingo, parecem umas santas. Sentadinhas. Circunspectas. Olhares cândidos...

– E na hora da comunhão? – riu Carina. – Nunca vi caras de santa igual! Abrem a boca para receber a hóstia. A mesma boca que há pouco tempo foi matraca pública para anunciar a "poca vergüenza" (pouca vergonha) da cidade.

Ah... Os "túmulos caiados" de todos os tempos! A valorização das exterioridades. Contentamo-nos em parecer ser, em detrimento do ser realmente.

Como crianças espirituais que ainda somos, gostamos de nos iludir, de achar que o Pai não conhece cada cantinho de nossa alma. Achamos, na nossa ingenuidade e imaturidade, que podemos enganá-Lo com olhares piedosos, com palavras melífluas, ou nos arrependendo quando estamos no fim da vida e passamos a temer a morte, que é o porto inevitável de nossa alma. Tal arrependimento pode até ser sincero – na maioria das vezes é por medo do desconhecido, medo da mão de Deus – mas, se nos devolvessem a saúde do corpo sem a transformação do Espírito, faríamos tudo novamente. Não é isso que tem acontecido? Suplicamos para voltar ao corpo material com o propósito de retificar, de reparar os erros, de nos reequilibrarmos com a lei desrespeitada e nos envolvemos novamente nos mesmos erros, nos mesmíssimos equívocos. Em quantas existências falimos depois de jurar (na espiritualidade) que nos corrigiríamos? Que não mais cometeríamos os mesmos erros? Mas a sabedoria do Criador sabe que a evolução é lenta, mas se faz a cada renascimento. Hoje já somos melhores do que ontem; amanhã seremos melhores do que hoje, de tal sorte que o demônio de ontem pode vir a ser o anjo de amanhã. Tudo evolui. O mal também se desgasta. O céu nos chama a cada minuto e o inferno vai ficando cada vez mais distante.

8 | *Ciúmes*

Domingo de sol. Carina esperava que o noivo viesse namorar depois do almoço, como sempre fazia. Fizera alguns planos e queria discutir com ele. O caso Tônia se acomodou, mas não estava esquecido. Seguindo o conselho da irmã, não mais falou dela para Alejandro. "Você parece esperta, Carina, mas é uma tonta. Não sabe que ficar falando dela vai colaborar para Alejandro não esquecê-la?" – disse-lhe um dia, Rosalina.

Aprontou-se com esmero, embora suas roupas fossem bem simples e o único sapato que tinha lhe machucasse os pés. Penteou-se. Era um alívio ter cortado o cabelo comprido. Lembrou que isso quase a fizera perder Alejandro. Rosalina entrou no quarto:

– Humm... Que estica! Pena que não temos nenhuma maquiagem. Um batonzinho, pelo menos, cairia muito bem... Um ruge[2].

Carina não se importava com nada disso. Nunca usou batom, ou pintou as unhas, ou tirou as sobrancelhas. Aparecia sempre de cara limpa, sem nenhum artifício. Tinha pouquíssimo seio, mas mesmo se em sua época já existisse o silicone, ela jamais o usaria. Parecia-lhe uma tolice tais preocupações femininas.

– Espere aí – disse Rosalina –, vou buscar um pedaço de papel crepom vermelho. Vamos molhá-lo e passar em suas bochechas. Você está muito pálida. Parece doente!

– Não quero nada disso! Que bobagem!

– Carina, você nem parece mulher... Parece mais um sargentão!

– Sargentão que logo vai se casar, enquanto você... que é mais velha e com todo papel crepom passado no rosto, vai ficando pra tia.

Rosalina, dessa vez, se ofendeu. Saiu do quar-

2. Pó ou pasta vermelha.

to batendo a porta. Aquilo fora uma grosseria, afinal, só queria embelezar a irmã. "Sargentão" – disse entre dentes.

Carina havia feito um bolo para quando o noivo viesse. Não deixou ninguém parti-lo.

E Alejandro não aparecia. E Carina se impacientava. E o bolo esperava.

Ela estava furiosa. O que tinha, afinal, acontecido? Alejandro não era de faltar aos compromissos. De repente, começou a se sentir insegura, novamente. E se Alejandro não mais a amasse? E se estava gostando de Tônia? *"Meu Deus! Não permita... eu morro sem o Alejandro"*.

– Já está escurecendo... Não vamos comer o bolo? – perguntou Rosalina, cuja raiva já havia passado.

– Coma ele todo! Não deixe nem farelo. Ah, que ódio! O que será que aconteceu?

Mal acabaram de falar e Alejandro chegou. Estava abatido. Por causa de Tônia, fora dormir muito tarde. Depois do almoço deitara para tirar um cochilo e pegou no sono. Não fosse uma das irmãs chamá-lo...

Carina estava séria. Rosalina cumprimentou-o e saiu:

– Mas o que aconteceu?

Alejandro quis abraçá-la, mas ela se afastou:

– Só agora você aparece? O que houve? – seus pensamentos voaram até Tônia.

– Calma, menina! Dê um tempo para eu respirar! Que impaciência!

– É que fiquei nervosa... Pensando um mundo de coisa...

– A ansiedade também mata, sabia?

Carina convidou-o a entrar na casa. Ainda estava de bico.

– Pode falar o que aconteceu, ou é segredo? Espere... Você está abatido... com olheiras... está doente?

Alejandro contou tudo o que aconteceu desde que a deixara em casa. Omitiu, porém, o fato de ter ficado com Tônia até quase 1h30. Contou que dormira demais. Mas não era bom em mentiras. Sua voz saiu tremida e mais baixa que normalmente. À medida que contava, o rosto de Carina incendiava-se. Ciúmes e desconfianças cutucavam-lhe a alma.

– Aquela desavergonhada! Pode deixar que vou ter uma palavrinha com ela. Assanhada! Despudorada...

– Você não vai dizer nada a ela. Tudo o que tinha de ser dito eu já disse. Não quero escândalo.

– Mas isso não pode ficar assim!

– É assim mesmo que vai ficar.

Alejandro ainda se sentia aborrecido pelas palavras do Espírito que o chamou de Dom Christhofer. O inconsciente tentava passar pela fresta apertada do consciente. Sabia, no íntimo, que ele, Carina, Tônia e aquele Espírito já se haviam envolvido em grande tragédia em algum passado distante. Mas foi apenas isso que conseguiu fugir do seu porão mental e escapulir pelo térreo, morada do consciente. E isso já lhe fazia um grande estrago. Imagine-se, então, se de repente nossas existências passadas viessem à tona. Todos nossos desacertos, quem sabe... maledicências... calúnias... crimes. Deus foi sábio e misericordioso quando nos deu o esquecimento temporário como uma trégua, um armistício, para nos reequilibrarmos com sua lei.

Mesmo agora, junto à mulher que amava, não conseguia esquecer o pesadelo horrível que tivera, onde criaturas malfazejas tentavam agarrá-lo e puxá-lo para fora da cama. Risos. Brados de vingança. Vira Carina sendo arrastada. Ela esbravejava e lutava com seus raptores. Ele tentava salvá-la, mas sentia-se manietado. Toda sua força se fora e ele não tinha mais voz para gritar, para chamar por Carina. De repente, vira Tônia. Seus olhos azuis estavam inundados de lágrimas que caíam sobre ele e o queimavam como ácido. E também ela o acusava. Por todo lado que olhasse, via sangue... sangue...

– Alejandro? Você não está me ouvindo? O que você tem?

O rapaz assustou-se.

– Ah? Desculpe-me. Acho que ainda não acordei direito.

Carina continuava insegura. Alejandro estava estranho. *"E se ele já não me ama? E se se engraçou pela sonsa da Tônia? Será que não aconteceu nada mesmo entre eles? Preciso saber"*.

– Nunca mais vamos brigar.

– Não se você não cortar mais os cabelos – brincou.

– Ora essa! Os cabelos são meus. Corto-os quando quiser. E tem mais, você é muito fascista pro meu gosto – riu e o beijou no rosto.

– Duvido que você vá domar a Carina. Nem nosso pai conseguiu...

– Quem a chamou aqui, Rosalina? Por que não vai fazer um café pra nós? Não está doida pra comer o bolo? Vamos. Você faz o café e eu arrumo a mesa para o lanche.

Dona Evarista chegou e cumprimentou o rapaz. Era uma boa mulher, a futura sogra de Alejandro.

– Que lanche, que nada! Vou é fazer um jantar para nós. Já está tudo a meio caminho andado. Acho que o Alejandro está morrendo de vontade de comer o meu *puchero,* não está?

– Acertou na mosca, dona Evarista!

– Acho que ele teve mais saudade do seu *puchero,* mãe, que da Carina!

Risos.

– Sua linguaruda!

– Na verdade, tive saudade igual dos dois – zombou Alejandro.

– Seu traidor! Depois de casados eu lhe mostro... Vai comer *puchero* todo dia. Todo santo dia e todo dia santo!

– Olha, Alejandro, ela é bem capaz de fazer isso – disse dona Evarista.

– Bem, quando eu enjoar, posso vir filar boia aqui?

– Mas claro, meu filho. Mas a Carina só fala. É uma boa cozinheira.

Alejandro se afastou com Carina.

– Carina, quero levá-la, amanhã, para ver uma casinha aqui perto. Está para vender ou alugar. Eu pensei que se o aluguel não for muito alto...

Carina deu um grito de satisfação:

– Uma casa? Claro, Alê. Não dá para ir ver ainda hoje?

– Hoje é domingo. É folga do corretor. Iremos amanhã.

Desnecessário dizer que Alejandro não contou nada sobre ter passado ali algumas horas com Tônia. Esperava que ela jamais soubesse. Mas não foi assim. Bem, não antecipemos os fatos. "A cada dia bastam os seus males".

9 | *Tônia se complica ainda mais*

Tônia estava sentada na varanda de sua casa. Tinha os olhos vermelhos e inchados de chorar. Não sabia o que mais lhe doía, se sua impudência da noite anterior, ou a certeza de que ela nada significava para Alejandro.

"Ele me esnobou. Quanto desprezo vi em seus olhos! Deve estar pensando que sou uma rameira qualquer. E tem razão. Eu praticamente me ofereci a ele. Não tive a menor dignidade."

A mágoa nascida no coração a maltratava. Sua prima Sofia se aproximou:

– Oi, menina. Nossa! Que bicho te mordeu? – e olhando nos olhos dela:

– Você esteve chorando? Vamos, conte-me. Você chegou tarde ontem? Eu dormi. Estava muito cansada.

– Eu nem vi a hora que cheguei. Mas está tudo bem.

– Tudo bem não está. E esses olhos inchados?

– É que esperava que o Alejandro me pedisse em namoro...

– E o idiota não pediu?

– Não. Ainda me esnobou.

Sofia balançou a cabeça. Não entendia como uma menina tão bonita como Tônia, que tinha vários pretendentes a seus pés, teimava em querer quem a desprezava. Masoquismo, talvez?

– Tônia, esqueça esse rapaz. Homem nenhum merece nossas lágrimas, sua boba. Faça como eu. Namoro um e outro. Um dia há de dar certo. E se não der... paciência. Vivo muito bem sem necessidade de marido a tiracolo. Ficar curtindo dor de cotovelo... Essa não!

– Falar é muito fácil. Quando o problema é dos outros...

– É fácil falar, mas também não é difícil praticar. Tente. Dê uma chance pra você!

Sofia sempre fora "descolada". Estava beirando os quarenta anos e ainda não encontrara marido. Mas parecia não se preocupar com isso. *"Prefiro minha liberdade a ter marido machista, que nos vê apenas como cozinheiras, lavadeiras, passadeiras e por último, quando lhes dá na veneta, como companheiras de sexo. Segundo queixas de amigas casadas, tornam-se, com o tempo, péssimos amantes. Satisfazem-se, viram do outro lado e dormem".*

Mas nada do que dizia tirava Tônia daquela pasmaceira. Sofia despediu-se e saiu, com a promessa de regressar antes do anoitecer.

Tão distraída estava em seus pensamentos, que não percebeu que um homem se aproximava. Era Dário, um de seus admiradores. Fora ele que, ao voltar naquela noite de uma festa, surpreendera Alejandro e ela saindo da casa após o temporal. Na hora ele ficou sem ação. "Então, esse anjo de olhos azuis não passa, afinal, de uma zinha ordinária?" Mas soube disfarçar muito bem.

– Boa tarde, Tônia.

Ela deu um grito de susto.

– Assustei você?

– Claro. Parece gato! Não ouvi nenhum ruído.

– Não fiz de propósito. Mas você não me parece nada bem. Aconteceu alguma coisa?

O que Tônia menos queria era ser sabatinada. Já era ruim demais a humilhação que sofrera e que não saía de sua cabeça nem por decreto. Agora... ter de repeti-la a Dário... nem pensar. Procurou mostrar-se despreocupada:

– Está tudo ótimo.

– Você não apanhou um resfriado ontem? Com aquele temporal! – disse com um sorriso cínico.

– Temporal horrível – repetiu a moça automaticamente.

– Mas você estava bem abrigada... Bem acompanhada...

Tônia sentiu o coração vir à boca. O que significava aquilo? *"Teria esse bisbilhoteiro me visto ontem sair da casa com Alejandro? Se viu, estou bem encrencada".*

Disfarçando o tremor na voz, pensou em uma desculpa razoável:

– Na verdade, fui acompanhar um cliente. Você sabe que meu pai é corretor e eu tenho a chave daquela casa.

– Hora inconveniente para mostrar uma casa...

A observação foi além da conta! Fulminando Dário com os olhos, gritou:

– O que tem você a ver com isso? Devo-lhe alguma explicação? Por acaso anda me seguindo, Dário?

– Absolutamente, Tônia. Eu vinha voltando de uma festa com alguns amigos quando vi vocês.

– O que eu faço não é de sua conta.

Dário não se conteve. Quando o ciúme ataca, fecha todas as portas da sensatez. O rapaz tinha a visão turva. Vinha agasalhando a ideia de pedi-la em casamento, mas sempre ficava indeciso. Não sabia como interpretar as reações de Tônia quando ele se insinuava. Às vezes, lia naqueles olhos azuis a esperança de ser correspondido, mas tão depressa mudavam de expressão, que ele ficava perdido e ia protelando uma abordagem mais direta. Várias vezes, sozinho com ela na praça, havia segurado suas mãos. Ela ria. Parecia aceitar aquele gesto de carinho, mas quando ele ia falar alguma coisa, ela o olhava com reprovação e desaparecia no meio do povo. A alma feminina é dual. Pobre do homem que desejar conhecê-la.

Tônia levantou-se. Achou melhor não brigar com ele, pois não o queria como inimigo.

– Desculpe-me, Dário. Não estou muito bem e vou entrar. Não o convido, porque estou sozinha em casa e não ficaria bem.

Pronto. Foi a gota d'água. Um rubor tomou o rosto de Dário e ele disse com um alvar sorriso:

– Ah, quer dizer que não fica bem me convidar a entrar, mas ontem você estava sozinha naquela casa com um homem! Tem coragem de negar?

– Eu já lhe expliquei. Aliás, já disse que não lhe devo nenhuma explicação.

O falar de Tônia era arrastado. Como se lhe tivessem sugado as energias da alma. Já não se indignava, nem alterava a voz, nem mostrava sentimento algum.

– Pensa que sou tolo? Pensa que vou acreditar nessa lorota? Ora, menina! Eu não nasci ontem!

Tônia sentia-se atordoada. Queria gritar-lhe desaforos, mas a lassidão da alma ainda a possuía. Abriu a boca para atirar seus dardos, mas calou-se, desalentada. *"Não é nada bom para mim, discutir com este traste. Ele vai sair por aí me difamando..."*.

Sentou-se novamente e pediu que ele se sentasse a seu lado. *"Tenho de ser política. Não vou conseguir nada batendo de frente com ele"* – e, lutando contra o marasmo que fazia sua alma cativa, ouviu a própria voz, anêmica de vida, como vinda do fundo de um poço:

– É. Você tem razão em não acreditar. Mas ele era, sim, um cliente.

– Era mesmo? Sei que espécie de cliente ele era! – respondeu com ironia. – Então, faça de conta que eu também sou um cliente. Vamos, pegue a chave. De repente, fiquei com vontade de comprar a casa.

Sentindo a fragilidade de Tônia, abraçou-a e disse:

– Vou comprar a casa para nós. Quer se casar comigo?

Tônia riu por dentro. *"Idiota, vá esperando"* – mas não foi isso que respondeu.

– Nossa! Agora você me pegou desprevenida! Está falando sério ou é brincadeira?

– Não brincaria com uma coisa tão séria. Meu pedido é pra valer. Aceita? Não percebeu ainda o meu amor?

Dário falava de um jeito mesclado de ironia e incertezas. Figuras fuliginosas abraçavam-se a ele, numa simbiose perfeita.

Temos sempre as companhias espirituais que desejamos, que atraímos com nossos pensamentos, com nossas ações, nossos sentimentos. De maneira geral, todos somos médiuns, pois todos temos condições de entrar em contato com os desencarnados. Se o Espiritismo é relativamente novo, a mediunidade não o é. Desde os tempos mais remotos, o homem comunica-se com Espíritos. A Bíblia está repleta de fatos mediúnicos. Na verdade, já esteve muito mais, porém, os diversos concílios das igrejas cortaram muitas passagens claramente mediúnicas e reencarnacionistas, a fim de acomodá-las às suas "verdades".

Tônia estava envolvida por entidades ignorantes e maldosas. Depois de pensar um pouco, disse a Dário que precisava de tempo para pensar. Seu guia espiritual tentou acercar-se, mas não encontrou condições favoráveis. Esperaria a noite, quando ela, Espírito, estivesse mais solta e mais consciente do que plantava a si mesma.

Dário se impacientava.

– Enquanto pensa, pegue a chave. Talvez a casa seja nossa. Quando seus pais voltam da viagem?

– Depois de amanhã. Sabe, não acho uma boa ideia ir agora ver a casa. Já é tarde...

Uma sensação dolorida envolveu Tônia. Não pôde ver, mas Maximiliano a censurava. Dário, audacioso pela presença de espessas sombras assanhadas ao seu redor, nem a deixou terminar:

– Por que não? Acha que está ficando tarde?! Ora, ontem à noite você não teve escrúpulos em levar um "cliente" lá. Vamos, ainda tem um resto de claridade – falou como se o ato inconveniente praticado pela moça lhe facultasse direitos sobre ela.

Uma sombra envolveu Tônia mais ousadamente. Ela sentiu um arrepio: – "Que espera? Não quer se vingar de Alejandro e de Carina?". Em pensamento ela respondeu: – *"Mas como vou prejudicá-los indo agora com Dário àquela casa? Não vejo como isso poderá ofendê-los."*

"Apenas vá. Depois lhe falo o que deve fazer. Confie em mim."

Dário estranhou a mudança de humor de Tônia, mas atribuiu a nervosismo. Ele também estava angustiado; confuso, não sabia ao certo por que procedia daquela forma tão ousada. Mas não tinha forças para reagir. Era como as ondas costeiras cujo destino era, inevitavelmente, morrer na praia.

Tônia ficou estranhamente eufórica. Captava integralmente os sentimentos dos Espíritos que a rodeavam. Entrou e pegou a chave.

Dário praticamente arrebatou-a da mão dela. Sem o menor constrangimento, como se fosse um direito dele, pôs os braços em seus ombros, forçando-a a andar rápido.

A casa estava às escuras. A vela havia-se acabado e apenas um borrão persistia no lugar. *"Bem aqui eu e Alejandro poderíamos ter sido mais íntimos."*

Dário tropeçou no cobertor e chutou-o para longe.

– Não vai dar pra ver muita coisa... Já está escurecendo – disse Tônia, fingindo que realmente ele queria ver a casa.

– Vamos abrir uma janela.

Os últimos raios do sol poente mostraram grãos de poeira dançantes e tapizaram uma parte do assoalho da casa.

"E agora? O que vai acontecer? Dário parece que não está no seu juízo perfeito. Eu também não sei o que tenho. De repente, sinto um calor nas entranhas... um desejo estranho... A mesma sensação que senti com Alejandro. Dário não é um rapaz feio, muito pelo contrário... Está muito bem de vida... Mas não! Eu amo Alejandro. E odeio a Carina. Eles têm de se separar... de qualquer jeito."

Dário deu uma rápida olhada na casa. Depois estendeu o cobertor no chão. Sentou-se:

– Venha, Tônia. Não tenha medo. Sente-se aqui.

– Prefiro ficar aqui mesmo.

– Não acha que viemos aqui apenas para eu ver a casa... Acha?

– Eu não sei... Estou assustada.

– Mas não ficou assustada com o outro homem que trouxe aqui ontem. Era o tal espanhol que anda mexendo com o coração das moças, não era? Que enfeitiçou também você, pelo que percebo.

Dário falava com despeito. Raciocinava como muitos machistas: "se ela deu liberdade para outro, terá de dar para mim também" – como se fosse um direito adquirido à custa do procedimento dela.

De repente, a casa ficou repleta de desencarnados vadios que andavam por ali, sedentos de emoções vulgares.

Maximiliano estava presente, mas não podia interferir no livre-arbítrio deles. Tentara várias vezes, mas não fora ouvido. Entristecido, percebia que sua protegida caía cada vez mais nos equívocos da vida. Dário era um Espírito vulgar, que olhava a vida pela sua ótica egoísta. Julgava amar Tônia. Muito já sofrera por ela, porém, o futuro lhe mostraria que aquilo estava muito longe de ser amor.

– Venha, Tônia – a voz dele soou rouca e trêmula de emoção. Tônia não mais relutou. Entregou-se a ele. O sangue de sua virgindade manchou o velho cobertor.

Confuso, após o ato consumado, Dário a abraça:

– Desculpe-me, Tônia. Achei que você não fosse mais virgem. Puxa! Como poderia saber? Ontem, quando a vi saindo com o espanhol...

– Não aconteceu o que você está pensando. Como eu já lhe disse, vim mostrar a casa e a chuva nos surpreendeu. Ficamos apenas conversando até o temporal amainar. Quem você pensa que sou? Alguma vadia? *"Não aconteceu porque o estúpido do Alejandro não quis."*

A turba animalesca de desencarnados estava satisfeita, pois participara ativamente daquele ato que deveria ter sido a dois. Afinal, foram convidados através de pensamentos e sentimentos negativos de ambos. Alguns deixavam a casa na esperança de a ela retornarem quando fossem novamente "convidados". Outros se acomodaram por ali mesmo, na intenção de passar a noite.

Dário e Tônia estavam enfraquecidos. Não pelo ato em si, mas porque foram "sugados" pelos obsessores.

– Tônia, quer se casar comigo? Depois do que fizemos, é o único caminho decente que nos resta.

Agora, fora da influência dos desencarnados, Tônia dava-se conta do que fizera. Arrependeu-se. *"Santo Deus! Que fiz eu? E se eu engravidar? Por azar, estou no meu período fértil. Como, agora que fui deflorada, posso querer me casar com Alejandro? Ele jamais aceitaria!*

E meus planos de separá-los? Ainda que conseguisse, Alejandro não se casaria comigo" – assim, não respondeu à pergunta.

Dário também estava preocupado. Nunca se imaginou capaz de fazer o que fizera. Incoerência humana. Agora que já satisfizera seus apetites carnais, pensava se não fora precipitado em falar em casamento. Apesar de Tônia tê-lo surpreendido com sua virgindade, era arriscado dar seu nome honrado a uma criatura tão frágil, que cedera sem a menor resistência.

A noite já havia jogado seu véu negro sobre a cidade. Algumas estrelas piscavam no alto do céu. Uma nuvem acabava de sair da frente da Lua e esta olhava a humanidade com seu olhar distante e desinteressado das mazelas do mundo.

Saíram os dois, cabisbaixos. Tônia sentia-se péssima.

– Como aconteceu uma coisa dessas? Eu não queria! Parece que alguma coisa ruim me tomou... – choramingava a pobre moça.

– Eu não a forcei a nada. Você também quis. Também estou aborrecido. Minha consciência não vai me dar tréguas. Aquela casa está enfeitiçada.

Tônia chorava desconsoladamente enquanto concordava com ele:

– Senti fantasmas voejando sobre nós. Minha cabeça girava e eu não conseguia pensar coisa com coisa. Mal acredito que...

– Temos de esquecer tudo isso. Qualquer dia voltaremos lá para confirmar. Não tenho medo dos mortos; tenho medo dos vivos – mas não voltou a falar em casamento. Mesmo que falasse, Tônia estava disposta a dizer não.

Depois do primeiro arrependimento, voltaram seguidas vezes para "ver" a casa. As forças sexuais da alma só não são mais fortes do que as do amor.

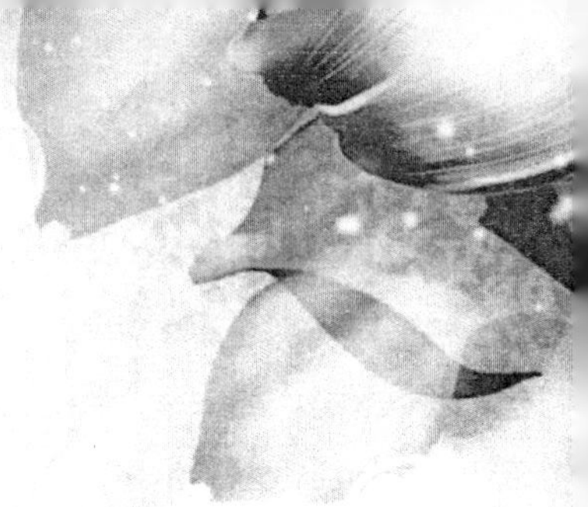

10 | *Janela aberta para o passado*

Tônia parecia um zumbi. Saía só à noite; não queria ver ninguém. Seus olhos azuis como um céu sem nuvens perderam o viço. Como era esperado, Dário sumiu de sua vida. O amor que dizia sentir por ela evaporou-se. Tônia também não o procurou, mesmo depois de saber que havia engravidado. Nunca o amara. Convenceu-se a si mesma de que aquele filho que esperava não era de Dário e sim de Alejandro. Loucura de uma mente enferma. No silêncio de seu quarto, conversava com seu bebê. Sentimentos paradoxais a envolviam constantemente. Às vezes dizia amá-lo; que ele era o fruto do seu amor com Alejandro naquela noite do temporal, mas na maioria das vezes o abominava. Chamava-o de intruso, de maldito, de indesejado. Nessas horas batia no ventre, querendo expulsá-lo. Não contou a ninguém o acontecido. Seus pais queriam levá-la a um médico, pois estranhavam seu procedimento, porém ela desconversava e fingia que estava tudo bem. Somente a prima Sofia, mais escolada, percebeu que alguma coisa de muito grave acontecera. Tônia confessou-lhe que estava grávida de Dário, mas pediu segredo.

– Vamos ao negro Tomásio. Ele conhece muitas ervas... Você está encrencada, menina! Vá lá, dê-lhe algum dinheiro. Suborne-o.

Tônia pareceu nem ouvir a sugestão. Perguntou por Alejandro.

– Então você não sabe?

– O quê?

– Ele e Carina estão noivos. De aliança e tudo! Parece que vão se casar logo. Andam como dois pombinhos arrulhando por aí.

Se um raio a houvesse atingido, o estrago não seria maior. Tônia ficou branca. Trêmula. Olhar idiotizado. Gaguejou alguma coisa que a prima não entendeu.

– Mas o que foi? Não vai me dizer que ainda não esqueceu aquele espanhol? O que você viu nele, afinal? Tá certo que ele é bonitão... Tem aqueles olhos que uma hora parece que são verdes, noutras azuis, mas tem homens melhores do que ele, ora essa! Cruzes! Isso parece coisa feita!

Sofia estava indignada com a obsessão de Tônia.

– E tem mais, priminha: agora, de barriga de outro, é que você nunca o terá mesmo. Ele é bem moralista, sabia? Trate de se conformar.

– Fale baixo, sua linguaruda! Quer que a mama escute, *an*?

– Trate de procurar o canalha do Dário se não quiser ficar mãe solteira. E falada! Já pensou o que vai dizer a espanholada da vila Hortênsia? Xiiiiiiii. Vão comentar anos após anos. E o jornal das fofocas? Prima, não queria estar no seu lugar.

– Isso não vai acontecer. Vou procurar Tomásio. Ele tem de dar um jeito.

– Agora fala coisa com coisa. Já que fez a besteira, livre a cara!

Tônia fazia força para não explodir de tanta revolta ao saber que muito em breve Alejandro e Carina estariam casados. Precisava pôr em prática o que já havia decidido e ainda não tivera oportunidade de realizar. Na manhã seguinte, faria uma visita a Tomásio. "Matarei dois coelhos com um só tiro" – disse para a prima.

– Dois coelhos? Eu só conheço um. E apontou para seu ventre. Qual é o outro?

– Ainda não desconfiou? Acha que o Alejandro pode me esnobar como me esnobou e ficar por isso mesmo? A Carina passar por mim como se eu fosse o cocô do cavalo do bandido? Ah, não! Não mesmo!

– Quer que eu vá com você?

– Não. Prefiro ir só.

Sofia deu de ombros e se foi.

O coração de Tônia estava repleto de ódio. E ela foi buscar alhures, na distante Espanha, o motivo de tanta revolta e persistência. Naquela noite, demorou a dormir. Assim que saiu em corpo perispirítico para o repouso físico, Maximiliano a esperava:

– Tônia, o que você quer fazer de sua vida? Não acha que já foi longe demais na sua infantilidade? Foi isso o que planejou para esta sua existência? Eu bem a alertei de que não estava preparada para o enfrentamento, mas você fez valer seu livre-arbítrio e reencarnou contra a minha vontade. Agora mete os pés pelas mãos.

Tônia estava estonteada. Não esperava encontrar o amigo espiritual a sua espera. Naquele estado de perturbação mental, não estava entendendo o que ele lhe dizia.

– Sente-se aqui, menina doidivanas! – e aplicou-lhe recursos magnéticos. Ficou surpreso com a decaída moral/espiritual da protegida. Quisera poder fazer mais por ela. Assim que a viu mais lúcida, falou paciente:

– Tônia, está errado o que quer fazer. Já que cometeu o primeiro erro, não cometa o segundo e o terceiro. Não aborte a criança que espera. Crie-a com amor, você muito lhe deve. Quanto a Alejandro e Carina, não tenha ódio deles, que apenas estão seguindo acertadamente o plano reencarnatório deles. Carina é boa; Alejandro também é um Espírito diferenciado. Muito já sofreram. Se você soubesse o que eles terão de passar juntos... por certo não quereria estar no lugar de Carina".

Bastou essa lembrança para Tônia se desarmonizar novamente.

– Maximiliano, você não é meu amigo. Ao invés de me ajudar, ajuda minha rival. Elogia-a.

Mas eu sei que ela não é flor que se cheire. Ela me despreza e faz questão de mostrar isso!

– Tônia, é claro que ela tem muitas arestas a aparar; é claro que não é nenhum anjo, mas se dispôs de bom grado a acompanhar o amor de outros tempos numa reencarnação dolorosa, e não sabemos ainda se sairá vitoriosa ou não, se terá diminuído seu carma negativo ou o aumentado ainda mais. Quanto a Alejandro, é diferente. Ele está determinado a enfrentar tudo com a melhor boa vontade e fé no Criador.

– Se pelo menos eu soubesse alguma coisa... o que aconteceu no passado...

– Se me prometer que vai mudar suas intenções, eu posso abrir um pouco o livro da sua vida.

– Faria isso por mim?

– Venha comigo. Procuremos um lugar tranquilo.

Tônia o acompanhou. Maximiliano a levou à colônia espiritual da qual ela saíra para a reencarnação. Acomodou-a numa poltrona confortável. Também se sentou. Concentrou-se durante alguns minutos e calmamente foi narrando, como se estivesse presente naqueles acontecimentos. À medida que narra, vai construindo cena após cena, dando-lhes vida e movimento.

"Tudo aconteceu por volta de 1827, no interior da Espanha. Uma capela singela rodeada por plantação de uvas. População agrícola. Pessoas simples. Da terra. Incultas. O capelão é um senhor ainda jovem. Atraente. Disposto a encaminhar para Deus seus fiéis.

Está acendendo as velas. Vai ter início sua oração da tarde. Ajoelha-se e pousa seu olhar verde-azulado na imagem do Cristo Jesus. Sua alma só conhece três amores: o do Pai-Criador, o do Cristo Jesus e... o terceiro ele não confessa nem a si mesmo. É um amor mundano e ele sabe que não tem esse direito. Sofre por isso, mas é um sofrimento resignado. Confia no Pai eterno e sabe que suas deliberações são pertinentes. De seus lábios, a voz sussurrada é um poema de luz. Mas esses momentos de paz são raros. Sua alma trava uma luta ferrenha: de um lado Deus, sua capela, que é também seu lar; do outro, o amor proibido... Carnal.

Uma mulher ainda jovem, casada, caminha silenciosamente pelo corredor da capela. Demora-se na contemplação muda. Sente o tropel do seu coração como um potro selvagem em disparada. É Ayana. É apaixonada pelo capelão Christhofer. É tremendamente infeliz por esse amor.

De repente, Tônia sussurra:

– Sou eu! Sou eu! Ayana sou eu! E o capelão... sim... agora me lembro... É ele! É Alejandro! Deus meu! Como pode ser?

Após pequena pausa, o guia espiritual continua:

"Agora entra outra mulher. É uma freira. Alta, de uma beleza cândida, cabelos presos, encobertos pelo chapéu branco de abas largas de sua ordem. Caminha a passos firmes, cabeça erguida, olhar altivo." Tente se lembrar quem é ela. Concentre-se bem.

– *Mama mia!* É Carina, *an*? Não poderia me esquecer dela. Odiei-a e ainda a odeio! Ela era minha irmã... Foi rejeitada pelo meu pai e deixada numa casa de caridade. Desgraçada! Deveria ter morrido!

Maximiliano prossegue:

A freira cumprimenta Ayana e, altivamente, lhe sorri. Conversa com o capelão e, tão silenciosamente quanto entrou, saiu.

Tônia revira-se no sofá. Está abalada.

– Quer continuar?– pergunta-lhe o guia espiritual.

– Sim, por favor.

Maximiliano volta à concentração. Parece que tem um livro invisível, aberto a sua frente; o livro que narra esses fatos distantes.

"Christhofer acaba de fazer suas preces. Levanta-se.

Faz massagens no joelho, dolorido por estar tanto tempo naquela incômoda posição. De repente, vê Ayana.

– Senhora Ayana! Veio orar ou conversar comigo?

– Não precisa de tanta formalidade para falar comigo. Esqueceu que já fomos íntimos?

O capelão sente-se incomodado.

– Isso tudo é passado, senhora. Vamos esquecer. Lembre-se de que é uma senhora casada. Tenho-a apenas como uma irmã.

– Quero me confessar.

– Então vamo-nos sentar aqui. Assim está bom? Não prefere ir ao confessionário? É mais adequado.

– Não. Padre, eu tenho um grande pecado a revelar. Estou amando uma pessoa.

– Mas a senhora é uma mulher casada! Deve amar somente seu marido! Não crie motivos de sofrimento, senhora!

– Ah, padre... Bem sei que é um amor proibido. Um amor que vem me consumindo dia a dia.

Tônia arregala os olhos. – "Meu Deus, chego a sentir o seu desespero, ou melhor, o meu desespero!"

Maximiliano continua.

– E este homem também a ama, senhora Ayana? – pergunta o capelão. *– Ele corresponde a esse desatinado amor?*

– Não sei. Já me amou, um dia. Mas pretendo reconquistá-lo. Acha-me bonita, padre?

Christhofer sabe que ela se refere a ele. Percebe seu olhar lascivo e recorda o passado de intimidades. Tenta pensar em Deus, mas lá está Ayana a lhe sorrir. Tenta orar e seus pensamentos se amotinam. Mas não se deixa vencer pelas forças trevosas que querem abraçá-lo. Olha-a com censura:

– Ayana, esqueça essa loucura! É o demônio quem a está tentando. Ore, minha irmã. Ore muito e peça a Deus para não deixá-la cair em tentação. Já erramos uma vez, não vamos repetir o erro, que é isso mesmo o que o demônio quer.

– Eu não acredito em demônios. Padre, ninguém precisa saber.

– Cale-se. Você quer me botar a perder. Somos irmãos!

– Não somos. Você sabe que foi adotado pelos meus pais. Christhofer, você não ignora que sou apaixonada por você desde que morávamos no Brasil. Não sei mais o que fazer para me livrar desse amor que é para mim luz e treva, alegria e tormento...

– Santo Deus! Isso é uma blasfêmia! Vou relevar, porque você não está no seu juízo perfeito. Agora já chega. Reze dez padres-nossos e dez ave-marias. Que Deus tenha pena de sua alma.

Ayana sorri. Jura que o padre será dela.

Tônia ia-se recordando daquela existência. Sofria, mas queria saber mais. Maximiliano estava cansado, porém continuou:

Ayana estava determinada:

– Bem sei, Christhofer, por que você não quer me amar. Pensa que não sei dos seus encontros com a irmã Maria? Foi isso que me animou a lhe confessar o meu amor. Ela, como eu, não tem nenhum direito. É freira. É noiva de Cristo. Eu sou casada! Você estará pecando menos comigo do que com ela, porque Cristo é mais importante do que meu marido.

O padre ficou mudo! Jurava que ninguém tinha percebido sua ligação com Maria. Havia algum tempo que se encontravam às escondidas. Sabiam que estavam pecando perante a igreja, perante suas consciências, mas não tinham forças para se separarem.

Tônia estava atenta a cada palavra do guia espiritual.

– Vou resumir o resto, não com tantos detalhes. Você já sabe o porquê da necessidade de se afastar de Alejandro; por que sente tanta atração por ele e julga que o ama. Force sua memória.

Em seguida, continuou:

"Ayana sai da capela, mas não vai embora. Fica ali até ver o capelão dirigir-se a sua casa, localizada a alguns metros da capela. Depois de algum tempo, vê a freira entrar com uma bandeja. Ela traz o jantar todos os dias para o capelão. Ayana vai silenciosamente até a porta, que permaneceu aberta. Ouve quando o capelão diz:

– Maria, sabe que nosso amor foi descoberto?

– O que você está dizendo? Não é possível!

– Você conhece a senhora Ayana?

– Sim. Conheço-a. Que tem ela?

– Ela deve estar endemoninhada! Imagine que confessou me amar! Pior do que isso! Disse que sabe do nosso amor!

– Isso é terrível! Se ela espalhar, estaremos perdidos, Christhofer!

– Bem sei, Maria. Deveríamos ter honrado nossos votos. Fomos fracos. Estamos sendo castigados.

– Confiemos em Deus, Christhofer.

Maximiliano está exausto:

– Bem, Tônia, agora você já sabe por que está

envolvida com Alejandro e Carina, o Christhofer e a irmã Maria do passado – disse o guia espiritual.

– Mas ainda não é suficiente. Você não pode contar o resto? Lembro-me vagamente que fiz uma coisa horrível!

– Você tem a intuição desse ato mau, praticado contra o padre e a freira no passado. Não tenho autorização para lhe contar mais. Espero que o que soube lhe bote um pouco de sensatez na cabeça. Para seu próprio bem – frisou.

Na manhã seguinte, Tônia relembrou tudo como se fora um sonho. Mas, como quase todo sonho, foi confuso, misturando verdades e mentiras. *"Jesus do céu! Que sonho mais doido! Acho que tenho pensado muito naqueles dois safados. Preciso pensar menos e agir mais.*

***

Durante toda a semana e em qualquer hora, as cenas do sonho emergiam. Como fantasmas errantes. Pedaços de tragédia.

Maximiliano a sondava para ver se adiantara alguma coisa aquela volta ao passado. Até onde ele podia ajudar, ajudou. Agora era com ela. Dois caminhos surgiam à frente da protegida: um que a mandava esquecer e levar a vida adiante, e outro que a mandava lutar pelo seu amor. Infelizmente, ela optou pelo segundo. "*Se aqueles dois pensam que vou ficar aqui, de bobeira, vendo a felicidade deles, estão muito enganados!*".

Então, resolveu ir à casa de Tomásio.

– Sinhá Tonha tá percisando de ajuda? Qui nosso sinhô Jesuis Cristo óie voismecê.

Tônia não respondeu aos votos de Tomásio. Foi falando quase sem respirar. Tinha as faces afogueadas. Sabia que o que ia propor ao ex-escravo não era nada cristão. Mas já havia tomado sua decisão.

– Tomásio, preciso dos seus préstimos! Espero que não me falhe!

O negro tirou o cachimbo da boca. Cuspiu. Limpou a baba que lhe escorria da boca na manga da camisa surrada que vestia. Fez um aceno para Tônia segui-lo. Sentaram-se debaixo de uma árvore no quintal. Tomásio fechou os olhos por um momento. Já estava feita a anamnese, e seu coração encheu-se de compaixão por aquela quase menina que abrigava no coração sentimentos tão mesquinhos.

O sol forte incidia sobre uma folha reluzente de alumínio e refletia a luz solar. Tomásio olhou demoradamente para Tônia:

– Sinhá, tá veno aquela foia de lumínio?

– Estou, sim. Que tem ela?

– Vá lá e toque nela.

Tônia estranhou, mas obedeceu. Ao tocar a folha de alumínio, quase se queimou. Retirou rapidamente a mão.

– Ela está muito quente, Tomásio.

– Voismecê sabe pru que, num sabe?

– É claro! Está quente por causa do sol, ora essa! *"Este negro tá achando que sou débil mental?"*

– Tá certo. Voismecê sabe pru que ela recebeu os raio do Sol? Pru que ficô quente?

– Olha, Tomásio, não vim aqui para falar de Sol e folha de alumínio...

– Se acarme, Sinhá. Só arresponda minhas pregunta.

– Sei. "*Vou deixar esse doido falar de uma vez.*"

– Ela recebeu os raios do Sol e se isquentô queles pruque tá limpa... Se tivesse cuberta por uma camada de barro, os raio num ia cunsigui penetrá e aquecê ela.

– ??

– Sinhá num compreendeu. Vô ixpricá pra voismecê.

"Santo Cristo! Que velho idiota!" – Fale de uma vez, Tomásio!

– O Sol é cumo o pensamento de Deus em cima di nóis. Quando tamo sujo, ele não entra. Nóis tamo muito longe Dele. Cuberto por camada e mais camada de podridão... De coisa que num presta. Carecemo di nos limpá pra recebê o sol nas nossa arma... pra nos aquecê queles...

Tônia ficou vermelha. Gaguejou. Percebeu que aquele preto velho, ex-escravo e inculto, tinha muito mais sabedoria do que ela própria. Fingindo que não entendeu, disse:

– Não entendo nada disso. Não me venha com filosofia barata, Tomásio.

O preto velho acendeu o cachimbo. Deu algumas baforadas. Suspirou fundo:

– Pobre Sinhá... Voismecê tá muito invorvida cos irmão sem luiz... Se afaste deles inquanto inda pode, Sinhá.

– Mas eu ainda nem falei o que vim falar – respondeu Tônia com agressividade.

– É que num carece, Tonha. Eu já sei o que voismecê vai mi pedi.

– Acho que você não sabe nada! Tá é com lorota! Agora que eu o escutei todo esse tempo, espero que me ouça.

Tomásio pigarreou.

– Pode falá, Tonha.

– Tomásio, eu preciso de sua ajuda. Para duas coisas: a primeira é que estou grávida; a segunda é um caso de justiça e eu quero vingança.

– Voismecê tá esperano criança... divia di consurtá um médico, não eu, um negro ignorante.

Tônia torcia as mãos.

– Você não entendeu. Eu preciso que você me receite algum chá, alguma erva abortiva. Eu sou solteira e isso não podia ter acontecido, *an*? Por favor, Tomásio, meus pais me expulsarão de casa quando souberem.

– Deus é bão. Não permitirá isso. Adespois, se isso cuntecê, eu recoio a Sinhá aqui. Minha casa é pobre, mais a gente se ajeita. Deus dá jeito pra tudo, minha fia!

"Que estúpido! Acha que eu moraria numa tapera dessas? Caindo aos pedaços? Cheirando dia e noite esse cheiro execrável de fumo ordinário?" – Porém guardou seus pensamentos para si e nada respondeu.

– E o otro assunto, Sinhá?

– Esse é mais fácil ainda pra você, Tomásio. Preciso que você separe o Alejandro da Carina, *an*? Eu amo o Alejandro e não sei viver sem ele.

"Ah, Tônia! Não adiantou nada a volta a seu passado. Você optou pelo sofrimento. Pobre menina!" – pensou Maximiliano, que a havia seguido.

Tomásio tirou o cachimbo da boca. Pigarreou. Olhou com piedade para Tônia e, triste, lhe disse:

– Vamo pur parte: Sinhá, quem falô prucê que eu faço dessas coisa, mintiu. Fico muito aburrecido co palavrório dessa gente. Meus xarope é pra curá tosse, bronquite, doença dos purmão... Nunca atentei nem nunca vô atentá contra a vida. A vida é o dom mais pricioso qui Deus dá pra nóis.

– Não tem piedade nesse seu coração?

– Tenho e muita. Por isso é qui nunca ajudei ninguém a abortá. Isso é crime. É obra do demo. Num faça isso, Sinhá, senão voismecê vai pro inferno. Lave seu esprito. Tire todo barro que tem nele pro sol do amor de Deus entrá em voismecê.

Tônia levantou-se. Estava furiosa. Algumas sombras a envolviam e cochichavam nos seus ouvidos. Tomásio as via, sentia os sentimentos bestiais delas, mas não podia fazer nada, uma vez que Tônia estava em perfeita conexão com elas.

– Tá bom. Se não quer me ajudar a me livrar desse incômodo, então, pelo menos me ajude a separar Alejandro e Carina.

– Alejandro é o pai da criança?

– É – mentiu. – É por isso que ele tem de se casar comigo. Você entende, Tomásio? Não é justa a minha indignação e o desejo de separá-los?

– Voismecê mi jurga muito mar. Eu fico aqui no meu canto. Ajudo quando posso e quando não posso não mi intrumeto. Se é verdade o que voismecê tá dizendo, eu ainda num sei. Di quarqué modo, "não meto minha mão em cumbuca."

Tônia estava para explodir de ódio. Mais e mais sombras negras a envolveram: "Tônia, este negro não sabe de nada! Não tem poder nenhum. Vamos embora, nós a ajudaremos. Vamos!"

De alguma forma, ela ouviu a sugestão das trevas. Aquela obsessão, que começou simples, evoluía dia a dia. Agora já era quase uma subjugação. Da subjugação à possessão distava muito pouco.

Na verdade, todos nós sofremos de algum modo da obsessão simples, pois todos os dias estamos em contato com entidades ignorantes que tentam nos sugestionar. Renteando ao nosso mundo, palpita o mundo dos Espíritos desencarnados; daqueles que não seguiram para o plano espiritual que lhes convinha. Por algum motivo, ficaram zanzando por aqui e se imiscuindo nos assuntos que não mais lhes dizem respeito. Outros, por saudades da família, abandonam a colônia espiritual que as recebem e voltam aos antigos lares. Ainda há aqueles que não conseguem se afastar do ambiente pesado da humanidade encarnada, por questões vibratórias; aqueles que estão numa confusão mental tão profunda e que nem sabem que já desencarnaram.

Poderíamos pensar que não é justo essas criaturas estarem nos atrapalhando no nosso viver, todavia, há benefícios de ambas as partes nesse convívio. Explico-me: Os desencarnados podem evoluir com nossos exemplos cristãos. Podem se modificar, modificar seu padrão vibratório para ter condições de habitar outro lugar mais condizente com sua situação. E nós teremos a oportunidade do aprendizado. Saberemos que, quando agirmos ou pensarmos negativamente, atrairemos esses infelizes para junto de nós e vamos sofrer as consequências. Vamos perceber que pela sintonia, pelo nosso padrão vibratório, vamos atrair o bem ou o mal.

Não há quem conteste isso. Se você deseja ouvir determinada emissora de rádio, deverá entrar em sintonia com ela.

De nossas mentes partem ondas mentais de toda natureza. Essas ondas juntam-se com outras do mesmo padrão. Atraímos e somos atraídos. Nenhum mistério. A Ciência e o Espiritismo explicam detalhadamente o mecanismo. Ação e reação. Causa e efeito.

Tônia passava, da obsessão simples, à subjugação. Já quase decidiam por ela. Sua mente estava sempre envolta em um nevoeiro e ela não conseguia pensar em outra coisa, num monoideísmo de fazer pena.

Saiu da casa de Tomásio, zonza; mais infeliz do que nunca.

No caminho encontrou Carina, que fez de conta que não a viu.

"Desgraçada! Sei que você já me roubou o Alejandro em outra existência, mas desta vez eu vencerei, ainda que tenha de recorrer ao demônio!"

Até se iniciarem esses acontecimentos, Tônia desconhecia completamente tudo o que dizia respeito a sua vida passada. Agora que Maximiliano a ajudara a se lembrar, e estimulada pela presença de Carina e Alejandro, essas imagens surgiam abruptas, incontroláveis. Tais lembranças dormiam no subconsciente, mas agora afloravam ao consciente. Todavia, era uma informação fragmentada onde verdades e mentiras se misturavam. A volta ao seu passado, propiciada por Maximiliano, não foi devidamente valorizada. Por ser médium, conseguia estabelecer conexão espontânea com os desencarnados e estes trataram logo de confundir tudo o que o guia lhe contara, tudo que não fosse estímulo à vingança que pleiteavam.

Se outra fosse sua postura, se ao invés de sintonizar o mal, sintonizasse o bem, sua vida seria outra. Tomásio pudera ler em sua tela mental o que lhe ia à alma. Ainda mais: pudera sentir os sentimentos inamistosos daqueles infelizes que a influenciavam. "Diga-me com quem andas..."

Tônia tivera uma oportunidade e tanto de beber na fonte fecunda da sabedoria do ex-escravo, mas acreditando-o um ignorante, deixara passar a ocasião de aprendizado.

No seu quarto, chorou. As sombras a envolveram novamente. Maximiliano chegou naquele momento e as pôs a correr. Sabia que elas voltariam novamente, pois a moça voltaria a chamá-los ao seu convívio. Quantas vezes nós mesmos atraímos a obsessão que nos faz infelizes. "Tônia, livre-se dessas companhias enquanto ainda é tempo. Elas nada de bom podem lhe oferecer, muito ao contrário... Já esqueceu tudo que lhe mostrei sobre sua existência passada?"

Tônia lembrou-se novamente do sonho. *"Será que essa história que tivemos outras vidas é verdade? Não sei, não... Acho que é tudo balela. Essas almas penadas que pressinto junto a mim nunca disseram nada sobre reencarnação."*

Mas, no íntimo, ela sabia que era verdade; só não convinha acreditar.

11 | *A dor do ciúme*

Alejandro e Carina foram à igreja marcar a data do casamento. Tudo ficou acertado. Alugariam a casa em que ele passara algumas horas junto a Tônia, durante a tempestade.

O padre estava acabando de ouvir a confissão de uma mulher. Assim que ela se virou, deu de frente com Alejandro e Carina. Era Tônia. Por alguns segundos, não soube o que dizer. Ficou ali parada com o terço na mão. Carina ignorou-a, mas Alejandro a cumprimentou cortesmente, para desagrado de Carina. Tônia não conseguiu responder ao cumprimento. A voz ficou enroscada na garganta. O ódio mais cresceu no peito ao ouvir Alejandro dizer ao padre, que saía do confessionário:

– Padre, viemos marcar a data do nosso casamento.

– Parabéns, meus filhos. Vamos providenciar já, já.

Tônia levou um susto. Trincou os dentes na sua revolta: "*Então é isso? Tão rápido assim? Vocês não perdem por esperar.*" – E as lágrimas escorreram até ao pescoço. A paz relativa que obtivera com a confissão, cedeu lugar a uma surda guerra mental. Deixou a igreja com propósitos inimagináveis de crueldade. A felicidade de Alejandro e Carina era-lhe espinhos na alma.

Depois de marcado o casamento para dali a quatro meses, Alejandro levou Carina para ver a casa. Já estava tudo acertado com o pai de Tônia, o corretor encarregado. Se Carina gostasse, a casa seria alugada.

Alejandro abriu o portão de ferro já meio devorado pela ferrugem. Um cachorro que andava por lá veio cheirá-los.

– Veja, Alejandro, ele está dando as boas-vindas para nós – falou Carina.

– É sinal de sorte – respondeu o corretor.

Riram. O cachorro seguiu com eles, abanando o rabo como a lhes pedir proteção e um teto.

O corretor abriu a porta, que rangeu como nas casas mal-assombradas.

– Preciso botar óleo nestas dobradiças – disse o corretor.

Alejandro se lembrou daquela noite e se arrepiou até a raiz dos cabelos. Num canto da casa, teve a impressão de ter visto uma sombra. O cachorro também percebeu e começou a latir naquela direção. Avançava e recuava, sempre latindo.

– Passa daí, seu vira-lata! Tá latindo pra quem? – repreendeu-o o corretor.

Por um momento, Alejandro pensou em desistir do negócio. Ali, naquele lugar onde estivera com Tônia, sentia uma vibração desagradável. Torceu para Carina não gostar da casa, assim ficava o dito por não dito. Ele já havia dado sua palavra, mas se ela não gostasse... que culpa ele teria?

Mas Carina adorou a casa. Entusiasmada, ia fazendo planos: "Aqui vamos colocar dois sofás; aqui no centro, uma mesinha; ali vou colocar aquele vaso que sua mãe trouxe da Espanha e nos deu. Aquele canto é ideal para minha máquina de costura. Bem perto da janela. Aqui, bem aqui nesta varanda, que tal uma rede? Ah, este jardim está uma tristeza! Vou fazer canteiros de rosas vermelhas e brancas: Amor e paz".

O corretor ria com a alegria de Carina e apoiava tudo o que ela dizia. Fazia um bom tempo que estava com aquela casa para vender ou alugar, mas sempre, na última hora, o cliente se desgostava dela e lá se ia o negócio. Talvez fosse mesmo uma casa mal-assombrada; um ninho de Espíritos impuros.

– Tem certeza, Carina? Não vai se arrepender, depois? Achar que se empolgou demais e não viu os defeitos da casa?

– Claro que não! Ela é perfeita para nós. A cozinha é de bom tamanho. E veja, o fogão à lenha está uma beleza... Todo rebocado de branco! A dona que morava aqui era muito caprichosa.

Saiu correndo para o quintal.

– Que maravilha! Estas árvores frutíferas já estão florindo! Veja, Alê, aquela mangueira! Quero que você faça um banco pra gente namorar ali... É perfeito!

Alejandro não podia deixar de pensar em Tônia; na insensatez dela ao levá-lo ali. Admirou-se, uma vez mais, por ter resistido às provocações e indiretas da moça. Sem perceber, foi sendo conduzido por pensamentos sensuais, libertinos. O hálito daquela casa convidava a divagações de ordem inferior. E Alejandro ia sendo levado como folha seca ao vento. De repente, percebeu o perigo. Estava quase entrando naquela sintonia maldita. Mas, ao longo de muito tempo, de muitas experiências, de muita dor, a força positiva de sua personalidade prevaleceu. Ele escolheria suas companhias espirituais e não o contrário. E todo o arsenal de guerra, montado pela espiritualidade inferior, desmoronou.

O cobertor ainda estava lá. O cachorro começou a arrastá-lo e a cheirar num determinado lugar. Alejandro viu uma mancha de sangue já escurecida e seca. Enojou-se ao pensar que poderia ter-se deitado ali. Nem por um momento imaginou que fosse o sangue virginal de Tônia.

Carina reparou que ele estava absorto.

– Aconteceu alguma coisa, Alê? Não quer mais alugar a casa? Não gostou de alguma coisa?

Alejandro teve um sobressalto. Não ouvira direito o que a noiva lhe dissera.

– O que foi que disse? Desculpe-me, estava distraído.

Ela repetiu a pergunta.

– Está tudo bem, se você gostou. Ela é muito conveniente para nós. Fica perto de nossas famílias e com acesso fácil para o nosso trabalho.

Ambos eram tecelões, embora Alejandro tivesse uma pequena plantação de algodão. "*Não posso deixar que um bando de Espíritos desocupados me impeça de fazer um bom negócio.*"

No dia seguinte, já era o locatário da casa e começou imediatamente as reformas necessárias. As dobradiças foram trocadas; paredes, portas e janelas, pintadas. Enquanto Alejandro trabalhava na casa, Carina refazia o jardim. Depois de tudo pronto, ninguém diria que era a mesma casa.

***

O algodão estava pronto para ser colhido. Estendia-se como um lençol branco sobre a terra. Organizaram um mutirão com todos os amigos de Alejandro. Conversando e rindo, colheram tudo num só dia. De posse do dinheiro, Alejandro comprou alguns móveis. Somente o necessário.

Carina levou todo o seu enxoval para a futura casa. Faltava pouco para o casamento. As tábuas largas do piso reluziam à custa de muita cera e escovão.

Quatro meses se passaram. Rápidos demais para Carina. Longos para Tônia, que não conseguiu se livrar da criança. Na verdade, em sua loucura, tinha um plano arquitetado. Até ali, ninguém em sua casa havia desconfiado de nada. Ela simulava até as cólicas menstruais para enganar a mãe. Com quatro meses, a barriga ainda não a denunciava, mas ela já tinha ideia para quando isso acontecesse. Seus sentimentos para com a criança eram paradoxais: amava-a e odiava-a, alternadamente. Talvez, o que julgava ser ódio fosse apenas revolta, afinal, mesmo os bichos amam suas crias.

A prima Sofia viera visitá-la. Andava tentada a falar com a mãe dela sobre a gravidez.

– Menina... Seus pais precisam saber! Não é justo esconder deles uma coisa tão importante quanto uma gravidez! Eles têm o direito de saber que vão ser avós.

– Pelo amor de Deus, Sofia! Antes disso eu me mato! Minha mãe poderia até compreender, mas meu pai acabaria comigo. Você sabe o quanto ele é violento, *an*? Se você contar a eles, desapareço da face do mundo!

– Calma! Vamos pensar, então. Você precisa ir a um médico. Precisará de alguém na hora do nascimento desse infeliz. Não pensou nisso? E a barriga? Até quando você acha que vai poder esconder? Não encontrou o traste do Dário?

– Ele se mudou. Está morando em São Paulo, o covarde. De qualquer forma, não ia querê-lo para marido. Tenho nojo dele!

– Voltando ao assunto. Que vamos fazer? Pense bem. Vamos contar para a tia Roberta, depois ela conta para o seu pai. Ele ficará furioso, mas no fim tem de aceitar.

– Louvado seja Deus! Então, que assim seja.

Dona Roberta entrou no quarto. Estava branca e trêmula. Olhou a filha e desandou a chorar. Havia escutado toda a conversa. Vinha desconfiando de certas atitudes da filha. Do vômito no banheiro, do aumento de apetite, do aumento das mamas e dos constantes olhos vermelhos.

– Mama... Perdão. Eu não queria, juro. Fui enganada.

– Ah, Tônia, eu não deveria ter vivido para ouvir isso! Melhor seria eu estar debaixo de sete palmos de terra... Meu Pai amado! O que vai acontecer quando seu pai souber, *an*? *Mama mia!* Felice é moralista ao extremo!

– Ele vai me matar, mama. Mas não tem importância, eu já estou morta...

– E quem é o pai? Quem foi o miserável que ousou abusar de uma menina inocente?

Tônia não queria contar. Temia que o pai a obrigasse a se casar com ele. Sofia antecipou-se:

– É Dário, tia. Mas nem adianta procurá-lo,

porque ele foi embora daqui. Tônia também não gosta dele.

– Não diga bobagem. Se não gostasse, nada disso teria acontecido. Seu pai vai procurá-lo e ele terá de assumir você e o filho. *Dio mio!* – chorava – por que você não me contou na ocasião? Por que esperou tanto tempo, *an*?

– Mama, se acalme. Não aumente ainda mais a minha dor. Eu ia lhe contar ainda hoje. Não é verdade, Sofia?

Sofia confirmou.

– Seu pai está pra chegar. Você sabe que ele tem o direito de saber. Dio, dê-me forças pra contar. Felice vai me culpar por tudo. Sempre disse que eu devia vigiar melhor você, Tônia. Mas como eu poderia saber? Você é uma criança, Dio mio!

– Tia, não dramatize tanto. Tônia não é a primeira e nem será a última...

– Você diz isso porque não sabe o que é ser mulher numa sociedade machista e truculenta com as mulheres. Os homens, de modo geral, nos veem como domésticas. Temos de dizer amém a tudo o que eles querem. E aqui no Brasil ainda não é tanto, mas na Itália... Eu que sei. Quase todo marido é um maledeto mafioso, *an?*

Roberta estava aflita, mas abraçou Tônia e passou a mão em seu ventre, tentando sentir o neto.

– *Mia bambina!* Um filho é sempre uma bênção de *Dio*. Este *bambino* será muito amado por nós... Eu ajudo você a *criá ele, capiche?*

Tônia sabia que podia contar com a mãe. Um peso enorme foi retirado do seu ombro. Mesmo que seu pai a espancasse, não se revoltaria. Pagaria o preço de sua insensatez. Quanto a criar aquele filho, não estava nos seus planos. Não seria uma mãe solteira, e casar-se, tendo um filho de outro, seria quase impossível. E ainda não desistira de Alejandro. Resolveu que não contrariaria a mãe, enquanto o filho não nascesse. Depois... Tinha lá os seus planos.

Sofia despediu-se. O senhor Felice estava para chegar e ela não queria se intrometer nos problemas deles.

– Coragem, prima! Que Deus olhe por você.

– Obrigada, Sofia. Venha me visitar mais vezes. Não tenho saído à rua e não tenho com quem conversar.

Despediram-se. Sofia era uma moça adiantada para sua época. Nos tempos de hoje, ela estaria enquadrada nos padrões normais. Não achava absolutamente necessário que uma mulher trouxesse um marido dependurado no braço como um guarda-chuva. Era ousada, destemida, independente e sabia viver a vida sem se comprometer. Lamentava muito o acontecido à prima, mas não achava que o mundo fosse acabar por aquilo. Muito trovão e pouca chuva – dissera para Roberta, que se consumia em aflição.

Infelizmente, o tio Felice não pensava da mesma forma. Quando chegou a sua casa, sentiu alguma coisa no ar:

– Que cara de velório, Berta! Quem morreu? E Tônia? Onde está?

Roberta torcia as mãos.

– Tônia está no quarto. Não está muito bem, a pobrezinha!

Felice ia saindo para ver a filha, quando Roberta o chamou.

– Que foi, Berta? O que tem pra me dizer?

– Felice... primeiro quero que você me prometa ficar calmo...

– Iiii... não estou gostando nada disso. Ficar calmo... Eu estou calmo, *an*? Fale logo, Berta.

À medida que ia contando, Felice ia contraindo os músculos. Seu rosto foi ficando branco, seu queixo tremente. Seu mundo veio abaixo. Mas quando Roberta chegou ao fim, ele desejou que sua alma fugisse para bem longe dali. Então, a sua *bambina* ardentemente desejada, que era o brilho dos seus olhos, a razão de suas lutas... Não! A inocência fora-lhe arrancada como erva daninha por um homem que ele mal conhecia. Mil vezes não! Aquilo não poderia ser simplesmente esquecido. Nem mesmo o casamento, se acontecesse, diminuiria a sua revolta.

– Calma, Felice! Não vá ter um infarto, *an?*

Felice não ouviu o conselho da esposa. Deu um murro tão violento numa mesinha, que esta se espatifou, quebrando alguns bibelôs que estavam sobre ela. Do quarto, Tônia ouviu os berros do pai. Passou as mãos pelo ventre: "Nós dois vamos morrer juntos, seu intruso."

– Vou estrangular a *maledeta*! Manchou nosso nome. Desonrou-nos. Como vou enfrentar meus amigos? E os parentes, *an?* – e saiu no seu passo duro. Abriu a porta do quarto da filha como um furacão. Tônia se encolheu como um ratinho assustado. Jamais vira o pai – sempre tão carinhoso e cordato – naquele estado tempestuoso.

Roberta foi correndo atrás. Antes que ele dissesse qualquer coisa, falou enérgica, tirando forças não se sabe de onde:

– Se você encostar a mão nela, não respondo por mim! – e, como uma leoa, se interpôs entre pai e filha.

Ante o olhar espantado do marido, continuou:

– Quando sua mama se casou, você já tinha cinco meses dentro do "bucho" dela, *an?* Considera-a uma vadia por causa disso?

Felice virou a mão que estava direcionada para Tônia em direção da esposa. Dos olhos dela saíam faíscas. Jamais Felice a vira daquele jeito. Era como se a fúria do inferno tivesse lhe adentrado o corpo. Nos olhos, as lágrimas secaram. A humildade deu lugar à arrogância.

O marido olhou-a, espantado. Viu que aquela "fera" se atracaria com ele para se defender e à cria. Oferecendo as faces vermelhas de indignação, gritou:

– Bata! Bata! Mas será a primeira e última vez, *an*? Vou embora com Tônia e nosso neto. Você que fique aqui com todo seu puritanismo! Explique para seus amigos, que pelo jeito você considera mais que sua família, *an?* Explique a seus parentes, embora não devamos nada a eles, muito menos explicações.

Felice baixou a mão. Tremia. Gritando, disse:

– Você não tinha nada que pôr minha mama no meio da conversa. Ela não tem nada a ver com isso. Ela é uma santa.

– Todas as mães são santas. Então não levante a mão para esta santa que tanto está sofrendo. O erro dela não foi maior que o de sua mama, *an?* Seu pai também precisou ser caçado para assumir você e ela. Mas o que adiantou? Casaram-se sem amor. Foram infelizes enquanto viveram, e se ele não tivesse morrido prematuramente, acho até que por desgosto, estariam separados. Lembra-se de que você mesmo me contou tudo isso? Que ficou traumatizado de tanto ouvir seu falecido pai jogar no rosto dela que fora obrigado a se casar, *an?* Quer isso para nossa *bambina*? Tônia ainda é uma menina! Que entendia você da vida na idade dela?

Tônia tinha os olhos vermelhos e soluçava sem parar. Felice sentou-se na cama.

Maximiliano, que estivera presente desde o início, envolveu-o e lhe falou aos tímpanos espirituais:

"Felice, perdoe. Recorde a lição de Jesus:

"Aquele que estiver sem pecado atire a primeira pedra". Lembra-se, Felice, o quanto você e Roberta lutaram para ter um filho? Lembra que quando não mais havia esperanças, Deus lhe enviou um anjo louro? Lembra que Tônia sempre foi motivo de alegria em seu lar? Agora, porque ela errou, vai condená-la?"

De alguma forma, Felice ouviu Maximiliano. Respirou fundo. Lembrou-se de que logo que chegaram ao Brasil, sua Roberta engravidou. E já haviam tentado, durante anos, na Itália. "Terra abençoada", ele dissera. Secou o rosto molhado de lágrimas e abraçou a filha. Choraram juntos.

– Minha *bambina*... Como vai ser agora? Todos vão falar... Você precisa se casar, *an?* Onde está o *maledeto* do pai dessa criança? Quem é ele?

– Papa, não me obrigue a casar com ele. Eu não o amo... Aconteceu tudo tão de repente! Ele me envolveu e eu... Até agora não entendi direito como e por que aconteceu.

– Se não o ama, filha, como consentiu? Agora você pensa nisso? Na sua condição o amor não conta mais. Ele precisa dar um nome a este inocente que está vindo! Ele não pode simplesmente fazer um filho e ficar por isso mesmo! Somos uma família, não um bando de ratos, *an?*

– Dário é o pai. O filho mais novo do seu Adão e dona Laura – informou Roberta, já refeita do ataque de fúria.

– *Maledeto*! Brasileiro *maledeto!*

Roberta não parava de rogar à virgem Santíssima que aplacasse a ira do marido. Temia que o estado emocional da filha prejudicasse o neto, pois Tônia não parava de chorar e tremer.

– Calma, filha! Haveremos de dar um jeito. O povo vai falar? Deixe que fale, mas todos aqui têm telhado de vidro, *an?* Se eu abrir minha boca pra contar... *Santo Dio!*

Tônia esclareceu, fungando:

– Mas ele fugiu para São Paulo; não quer se casar.

– Não quer? Pois vamos ver. Perdida é que você não vai ficar – afirmou o pai.

– Eu não estou perdida, papa! Ainda posso me casar e ser feliz com outro homem – e seus pensamentos voaram até Alejandro.

O pai se impacientava e gaguejava ao falar. A mãe acariciava os cabelos loiros de Tônia, mas o corpo lhe tremia como se estivesse com febre.

– Você nada conhece da vida. É uma *bambina*

tola. Acha que algum homem vai querer se casar com você? *Mama* solteira? Vou tomar algumas informações e viajo para São Paulo amanhã mesmo. Trago o traste ainda que amarrado!

– Papa, não! *Por Dio*. Não!

Mãe e filha se abraçaram. Felice ia saindo quando se voltou para a mulher:

– Nunca vou perdoar o fato de você ter-se referido ao erro de minha *mama.* Tônia não precisava saber. Até parece que você quer encorajar nossa *bambina.*

– Foi preciso, Felice. Para chamá-lo à razão e impedir que fizesse algo do qual viesse a se arrepender. E não falei nada além da verdade. E enquanto eu viver, ninguém encosta um dedo em minha *bambina, capiche?*

– Mesmo assim, não vou perdoar você.

– Só preciso do perdão de *Dio*. O perdão por não ter sido uma *mama* mais presente na vida de Tônia.

12 | *Em busca do fujão*

A viagem de Felice foi pura angústia. Não sabia, ainda, o que seria melhor para a família: se obrigasse Dário a se casar com Tônia, teria de conviver com ele, e isso seria insuportável. Conhecera-o há alguns anos e nunca simpatizara com ele. Havia reciprocidade de sentimentos entre ambos. Além disso, ele seria, um dia, herdeiro de sua fortuna, que não era pequena. Dar ao desafeto seus bens doía-lhe como limão em chaga aberta. Mas se não concordasse, sua *bambina* seria prejudicada. Uma filha falada! Um neto bastardo... *Mama mia!!!*

Viajou sem sentir, envolvido que estava em pensamentos contraditórios. Perguntava-se, num desespero crescente, o que teria dado errado. Sempre amou a família; sempre fizera tudo para dar uma boa educação à única filha... Era aquela a paga? Onde estava *Dio*, que permitira aquela desgraça?

Chegou à estação ferroviária de São Paulo – a estação Sorocabana. Gente a correr para todo lado. Expressões cansadas, agressivas, indiferentes. Tirou um endereço do bolso e chamou um táxi. Desembarcou num hotel modesto. Descansou um pouco e depois fez um telefonema. Tudo ficou acertado. Contratara um detetive e sentia-se mais aliviado.

No dia seguinte, o detetive entrou em uma hospedaria modesta e pediu algumas informações. O porteiro ia abrir a boca para falar, quando o dono do estabelecimento chegou. Era um espanhol de bigodes tão compridos que os mordia ao falar.

– Não estamos autorizados a dar informações sobre nossos hóspedes. O senhor há de compreender – disse secamente.

O detetive não se deu por vencido:

– Senhor, não quero adiantar nada, mas pode tratar-se de um criminoso. O senhor pode até estar correndo perigo. Sua colaboração é muito importante.

– Por acaso, o senhor é da polícia?

– Sou um detetive particular. Ajudo a polícia. Sua colaboração é muito importante, repito.

– Precisa ter ordem judicial para entrar. Sem ordem judicial, nada feito.

O detetive pensou em suborno. Viu que o tal espanhol era subornável. Despediu-se com a intenção de voltar no dia seguinte. Queria conversar primeiro com o homem que o contratou. Verificar até que ponto ele estava interessado e quanto poderia dispor para o suborno.

– Senhor Felice, o espanhol não quis dar nenhuma informação. Sei que estava esperando ser subornado.

Felice trincou os dentes. Não esperava que seu bolso fosse afetado. Agora, além de pagar o detetive, teria de "molhar a mão" do tal espanhol bigodudo.

Pensou em sua Tônia. Em sua honra. No nome da família. No neto bastardo. Então, explodiu:

– Veja lá quanto o desgraçado me vai levar *an*? Não vou ser depenado por esse rato. Se ele pedir muito, nós invadiremos aquela hospedaria à noite e tiraremos de lá o *maledeto*!

– Fiquei de voltar amanhã.

– Por que amanhã? Ainda é cedo e as hospedarias não fecham à noite. Vamos lá agora mesmo. Desta vez vou junto. Quero ter o prazer de arrebentar a fuça daquele ordinário, caso ele não assuma seu gesto covarde e me limpe o nome!

– Se precisar, posso indicar alguém para o serviço sujo. Eu só investigo. O resto, data vênia, não é de minha alçada.

Na verdade, Felice não pensara em nenhum momento em matar Dário. Aquela sugestão pegara-o de surpresa. Começou a acariciar a ideia a partir dali. Isso bastou para atrair três Espíritos de aspecto repelente. Felice sentiu-se bastante desconfortável quando um deles lhe disse na linguagem muda do pensamento sugerido:

"Que espécie de pai é você que não vinga a filha? Já pensou qual será o futuro dela? Não pensou? Pois eu lhe digo: Será a prostituição ou o suicídio. É isso que quer? Afinal, que vale a vida de um traste como aquele?"

Felice repudiou tal ideia. Como se estivesse falando com sua consciência, disse a si mesmo:

"Matar, não! Sou católico, apostólico, romano. *Dio* pune com o inferno todo assassino."

"O quê? Olha, velhinho... Eu já morri faz mais de vinte anos. Não fui para o inferno! Acho que isto aqui é que é o inferno! E Deus? Ora essa! Acho que Ele tem coisas mais importantes pra fazer" – riu debochadamente.

O detetive já estranhava o silêncio de Felice. Porém, achou melhor não interromper seus pensamentos. Também ele estava acompanhado de um Espírito vulgar em forma feminina, Depressa, um dos que chegaram foi conversar com ela e se inteirar daquela história. Queria conhecer detalhes e se entusiasmava com a ideia de ação.

"Então é isso? E esse *porpeta* ainda reluta em dar um tiro na fuça do infeliz? Ah... fosse comigo!"

Felice já não tinha tanta certeza quanto a matar ou não matar Dário. Seus pensamentos confundiam-se com pensamentos alheios do mesmo nível e se fortaleciam. Sua aura apresentava-se de uma cor plúmbea. De sua mente partiam raios de uma cor indefinida, pendendo para o negro. *"Se ele se negar a voltar comigo para Sorocaba, devolver a dignidade para minha bambina... então... paciência."*

– Senhor Romão, vamos pra lá. Antes, preciso de uma arma.

Os Espíritos trevosos bateram palmas: "Vamos ter muita ação hoje, seus descascados[3]."

– Esta serve? – e exibiu um trinta e oito. Pegue-o, veja como é leve. Sabe atirar?

Felice gaguejou. À visão da arma, estremeceu.

– Não vou atirar em ninguém, detetive. O revólver é só pra assustar o *maledeto*, caso ele não queira fazer papel de homem.

"Não tenha tanta certeza, italiano! Quando entramos na dança, salve-se quem puder" – disse uma entidade espiritual de aspecto infeliz.

Outros Espíritos que engrossavam a reunião bateram palmas. Pobres alienados que viviam à margem da vida, ignorando que mais dias menos dias, haveriam de dar satisfação dos seus atos. Tanto tempo desperdiçado na falta de determinação, na inércia e na ignorância, que não sabiam como sair daquela situação. Iam vivendo, simplesmente. Se pouco souberam da vida enquanto encarnados, pouco sabiam agora como desencarnados. Estavam, ainda, na primeira infância da espiritualidade, e qualquer fato que lhes quebrasse a monotonia dos dias, era bem-vindo.

3. Gíria grosseira. Espíritos desencarnados; que não têm mais o corpo físico. (N.A)

Felice os chamara por intermédio de seus pensamentos bélicos. Como um ímã, os atraíra a si, agora teria de suportar aquela presença incomodativa.

– Senhor Felice? Se não tem intenção de matar o homem, é melhor não levar a arma.

– Por quê?

– É sempre um risco. De repente... a tentação... Já vi muitos casos em que a pessoa jura que não teve a intenção de matar, mas o dedo apertou o gatilho sem que ele quisesse.

Era Maximiliano quem assim colocava as palavras na boca do detetive. Acompanhara o pai de Tônia até ali tentando evitar um mal maior. Infelizmente, Felice não concordou em deixar a arma; deu mais ouvidos aos Espíritos arruaceiros, que gritavam: "Claro que precisamos do revólver. Como pensa que ele vai te obedecer? Eu conheço o safado! Sem a arma, ele ainda é capaz de te dar uma surra."

Saíram os dois e em pouco tempo estavam na hospedaria. Felice chamou pelo dono, o espanhol bigodudo. Trocaram algumas palavras em voz baixa. Felice enfiou a mão no bolso e lhe deu algumas notas. Estava tudo acertado.

– Ele saiu. Foi postar uma carta, mas disse que voltaria logo. Esperem naquela sala, depois da terceira porta. Mas olhem lá. Não quero confusão aqui no meu estabelecimento. Nunca tive problema com a polícia e não quero ter agora.

Felice garantiu que só queria dar um susto no safado:

– Se o senhor tiver uma filha, vai entender o meu desespero.

O espanhol confirmou com a cabeça. Sim, entendia as razões dele. Tinha três filhas e dois filhos.

– Senhor? Podemos esperar no quarto dele?

O espanhol pensou um pouco. Depois lhe deu a chave do quarto. *"Melhor assim, pois se houver discussão os outros hóspedes não ouvirão."*

– Obrigado, amigo.

Subiram alguns degraus e avistaram a porta do quarto de Dário. Entraram.

– *Figlio di un jumenta!* (Filho de uma jumenta!)

Sentaram-se na cama e aguardaram. Uma hora... duas... até que Dário entrou. Ao avistar os dois homens, fez menção de fugir. Mas o detetive o alcançou no início da escada. Torceu-lhe o braço para trás.

– É melhor voltar para o quarto, seu covarde. Mandrião!

– Mas o que significa isso? – gritou, enquanto tentava se livrar de Romão.

Foi Felice quem respondeu:

– Isso significa que filha dos outros não é cadela, seu canalha!

Dário deu um safanão no detetive e o jogou no chão. Felice saltou sobre ele. Era bem mais alto. Forte como um touro, não teve dificuldade. Romão levantou-se e, enquanto Felice imobilizava o rapaz, deu-lhe uma bofetada:

– Não lhe dou um soco, porque só dou soco em homem. Você merece bofetadas, igual a uma vadia de rua, seu moleque ordinário!

Dário sentiu-se humilhado. A bofetada doeu-lhe mais do que um soco no estômago. Felice jogou-o sobre a cama. Precisava conter-se para não lhe dar uma boa surra.

– De que os senhores me acusam, afinal?

Maximiliano estava presente, mas não conseguia evitar a manifestação da turba de Espíritos arruaceiros que enchiam o quarto e aplaudiam, incitando à briga. Indispensável dizer que nenhum desses trevosos o viam.

"Vamos! Que esperam, seus covardes? Dário, idiota, tá com medo de dois velhotes? Vamos! Cadê sua valentia, ô polenteiro? Por que trouxe o "*cospe fogo*" se não ia usar?"

Felice chegou mais perto:

– Olhe bem pra mim, seu safado. Não está me reconhecendo?

– Senhor Felice... Eu... Francamente, não sei do que o senhor me acusa.

O cinismo do rapaz enfureceu o italiano. Num segundo, estava com o revólver encostado na cabeça dele. Dário deu um grito e instintivamente levantou os braços.

– Pelo amor de Deus, seu Felice! Faço o que o senhor quiser, mas não me mate. Sei que fiz uma coisa abominável, mas quero corrigir meu erro. Quero me casar com a Tônia. Sempre gostei dela...

Felice acalmou-se.

– Sempre gostou dela, *an?* Então por que fugiu, como um *maledeto* covarde? Acaso pensou que eu ia deixar você fugir? Eu iria ao inferno atrás de você e o faria cumprir seu dever, pirralho filho...

– Eu não fugi, seu Felice. Estou aqui a serviço...

Felice o interrompeu:

– *Santo Dio*! Como pode falar tal deslavada mentira! Mas não importa. Arrume suas tralhas. Vamos voltar para Sorocaba agora mesmo – e entregou o revólver para o detetive Romão.

– Melhor não tê-lo usado – afirmou o detetive.

– Um erro não justifica outro, *an?* E depois, esse daí não vale nem a bala que eu ia gastar... *Povero diavolo!* (Pobre diabo!)

Os espectros estavam decepcionados. Queriam ver sangue. Como sangue não houve, retiraram-se tão barulhentos quanto chegaram.

Em pouco tempo, Felice e Dário estavam na estação ferroviária. O trem ia sair dentro de vinte minutos. O rapaz ainda não se refizera do susto e olhava o futuro sogro com raiva. Como um relâmpago, uma ideia brotou-lhe: "É isso mesmo. Esse comedor de polenta pensa que vou me casar com sua filha? Pois, sim! Eu até que gostava dela, mas sei que se me casar não dou um ano e ela tá me traindo. Inda mais que descobri que ela gosta mesmo é do Alejandro. E o filho que ela diz que é meu? Pode ser que me enganou; que aquele seu sangue tenha sido uma armação; que o filho até seja do Alejandro. Mas como ele não assumiria, ela pensou no trouxa aqui. Mas comigo não! Duvido que eles, ficando tanto tempo lá, não fizeram nada..." – tais pensamentos tornavam-lhe vermelho o rosto.

Então ele se decidiu:

– Senhor Felice, preciso ir urinar. Já volto.

Ia pegando sua mala, mas Felice segurou-a.

– Pode deixar que eu tomo conta. Volte logo, o trem já vai encostar para o embarque.

Todos embarcaram. Dário não aparecia. Felice foi ao sanitário. Ali ele não estava.

Um gosto amargo na boca e a maldita sensação de que fora feito de bobo. *"Fui um estúpido! Deveria ter ido junto! Ele me fugiu aquele figlio del cane" (Filho do cão)*

Felice deu-se conta de que ele havia mesmo fugido. Embarcou, com a revolta na alma. Sentiu-se o mais imbecil dos homens.

Maximiliano aproximou-se dele e lhe aplicou recursos calmantes. Disse-lhe que não se podia obrigar ninguém a se casar, que Tônia era ainda uma criança, que detestava Dário e que haveria de encontrar um bom marido quando estivesse mais amadurecida.

"*Santo Dio!* O que será de minha *bambina?*" – e decidiu que se mudaria de Sorocaba antes que a barriga da filha denunciasse a gravidez. Talvez ele e a mulher assumissem o neto como filho, para preservar a imagem da filha.

Chegou triste. Desalentado. Contou o ocorrido.

Tônia achou melhor assim. Não tinha certeza de que aceitaria Dário por marido. E depois... Tinha planos. E que planos, meu Deus!

13 | *O casamento de Carina*

O vaivém na casa de Carina era intenso. Todos se levantaram cedo. Naquele sábado, Alejandro e Carina se tornariam marido e mulher. Teria essa história o final tão desejado? O... "E foram felizes para sempre?". O tempo responderia.

A mãe de Carina era a mais agitada, seguida do pai. Falavam ao mesmo tempo, discutiam qual o melhor lugar para se colocar a grande mesa de tábuas sobre dois cavaletes que os vizinhos emprestaram e censuravam-se por não terem se levantado ainda mais cedo, por não terem, ainda, buscado o vestido de noiva de Carina na costureira... Por isso, por aquilo...

– E a Carina? Não acredito que ainda não se levantou! – disse Evarista.

– Deixe que durma. Foi se deitar muito tarde ontem.

– Juan, será que seu irmão de São Paulo vem? Ele prometeu dar um bom presente pra Carina, afinal é o padrinho de batismo dela.

– Deixe de ser interesseira, mulher! Espero que ele venha. Com ou sem presentes.

Evarista ficou sem graça e retrucou na hora:

– Pois sim! No casamento do filho dele, no ano passado, nós demos um bom presente. Se ele me aparecer aqui com um vaso de vidro, quebro na cabeça dele.

Juan caiu na risada:

– Evarista, você é pândega! Não esquece nunca esse maldito vaso de vidro? – mas falou na sua língua, pois os vizinhos não precisavam saber.

– Como posso? O canguinha apareceu no nosso casamento com a maior cara de pau. O pacote estava bem feito. Eu tive esperanças de ser alguma coisa boa e... quando abro... um vaso de vidro! De vidro! Ainda se fosse de porcelana, ou cristal... Mas de vidro! E pra mim, que nem recebo flores!

– e sem respirar, emendou: – Deixe estar... Se for uma porcaria qualquer... ele que leve de volta.

– Mas você tem o vaso até hoje. Se fosse de porcelana ou cristal já tinha se quebrado – riu, com gosto, Juan.

– E, diga-se, o pobre está virgem até hoje. Você nunca me deu uma rosa para eu colocar nele. Que mão de vaca, Juan!

– Não gasto dinheiro com bobagens. Acaso se comem flores? Nunca ouvi falar de sopa de rosas, de salada de margaridas...

Foram interrompidos por uma tia de Carina:

– *Padre santo*! Está tudo cru! Ô Juan, já temperou a leitoa? Ela precisa ficar em vinha d'alho durante muitas horas. Pra ficar macia e saborosa.

– Isso é pergunta que se faça? Pensa que sou algum idiota? Que não entendo de leitoa?

– *Crendeospadre*! Que sensível está hoje!

E, colocando um avental de chita estampado, foi colocar batatas no fogo.

– O que está fazendo, Ema? Tá doida? Olha as batatas aí. Já estão cozidas. Descasque mais alho e mais cebola. Ponha duas dúzias de ovos pra cozinhar, mas veja que não passe do ponto. Detesto ovo arroxeado de tanto ficar no fogo...

Não haveria festa. Apenas um almoço para os poucos convidados. Juan não era rico. Ninguém dali era rico. Mas uma leitoa foi sacrificada.

– Dona Evarista... Ô dona Evarista – alguém chamava no portão.

– Que berreiro é esse, Salustiano? O que aconteceu? O mundo está se acabando, moleque? – e correu a atender antes que Salu acordasse todo mundo.

– Dona Evarista, minha mãe mandou perguntar se já pode trazer o bolo da Cari. Ele tá pronto desde ontem. Tem três andares. Em cima de tudo tá a Cari com o Alejandro.

– Não! Não é pra trazer agora, não! O bolo é para depois do casamento. Se trouxerem agora, é bem capaz que esses moleques esfomeados da vizinhança acabem com o glacê. Não. Não. Diga pra sua mãe fazer o favor de deixar lá até depois do casamento na igreja.

– Dona Evarista...

– Chispe daqui, Salu. Tenho muita coisa pra fazer. Vá logo dar o recado pra Alzira. Vá. Vá.

Saiu correndo o pobre Salustiano. Evarista voltou à faina.

Com tanto barulho, Carina acordou. Deu-se conta de que o dia tão esperado chegou, afinal. Não se levantou imediatamente da cama. Ficou olhando o forro desbotado do quarto. Uma rachadura que vinha de cima até embaixo lembrava um raio. Um raio... – pensou – raio lembra tempestade... natureza em fúria... "Espero que minha vida de casada não seja tempestuosa; que as chuvas sejam tranquilas como meu Alejandro."

Espreguiçou-se. Saltou da cama.

– Adeus, cama solitária de solteira. Essa foi a última vez que você me acolheu. Hoje à noite, já estarei numa cama de casal... junto com Alejandro. Adeus, solidão... Eu e Alejandro jamais nos separaremos.

Foi como se um trovão longínquo atravessasse a imensidão para lhe trazer uma lembrança não grata. Uma dor fina penetrou-lhe o peito e, sem saber por que, teve um momento de desalento, de angústia mal contida, de depressão passageira.

"Ai, meu Deus! Fiquei arrepiada. Acho que o anjo da morte passou por aqui" – e supersticiosa que era, persignou-se e fez sentida prece. Que tudo de mal

passasse ao largo de sua vida. Queria ser feliz ao lado do homem a quem amava mais que a própria vida.

Infelizmente, pobres seres humanos que somos! Sobrecarregados de mazelas, não temos meios de desviar de nós o que nos está designado pela excelsa justiça. Por mais que o tempo passe, por mais que essa justiça demore, um dia ela nos alcança. Assim, no sonho cor-de-rosa de Carina, imiscuía-se sempre uma lembrança indesejada. Fazia tempos que essa lembrança não a incomodava. Estivera esperando justo o dia de seu casamento para aparecer?

Sentou-se na cama. Envolveu a cabeça com ambas as mãos:

"Novamente aquela casa se desenha em minha mente. A casa dos aflitos. O que será isso? Que casa será aquela, meu Deus? Vejo-me sempre indo lá... às vezes ela se transforma em um hospital... Vejo pessoas chorando... eu própria estou chorando... Quero tirar alguém de lá. Alguém a quem amo muito... Sofro terrivelmente. Estremeço ao ver manchas avermelhadas naquele corpo. Lembram estranhas flores... E alguém me diz ao ouvido: "São as flores púrpuras da redenção". Redenção? De quem? – pergunto. Ninguém me responde. Estendo meu braço... vejo um braço também estendido para tocar

o meu... Não! Não consigo segurar aquela mão... Estou grudada no chão. Enraizada! Aquela mão é de... Alejandro?!"

Evarista entra no quarto da filha e se assusta ao vê-la com a cabeça entre as mãos e respiração acelerada, como se estivesse em transe.

– Carina? O que aconteceu? Não está se sentindo bem? Está nervosa? Venha, filha. Venha tomar café. Isso é fraqueza, já são quase nove horas e você está em jejum há muito tempo.

Se Evarista tivesse vidência, veria uma criatura etérea, com os braços estendidos sobre Carina, reconfortando-a: – *"O momento não é para tristezas, Carina. Hoje é dia do seu casamento. Isso já estava decidido há muito tempo. Feche a porta do subconsciente e goze o momento de sua felicidade. Tudo virá a seu tempo, não há necessidade de sofrimentos antecipados"* – era o seu anjo da guarda que assim lhe falava.

– Mãe... Não se preocupe. Estou bem. Estou feliz.

– Que susto, filha.

– E aí, sua preguiçosa! Nem no dia do casamento se apressa! Vamos, ainda temos de ir buscar seu vestido de noiva – espalhafatosa, a irmã entrou no quarto.

– Que escândalo, Rosalina! Tá tão feliz assim só porque vai se livrar de mim, é?

Rosalina abraçou a irmã. De repente, não conseguiu segurar as lágrimas:

– Sua bobona! Você sabe que não é isso. Vou sentir sua falta, mana! De verdade!

– Credo, Lina! Não vou morrer! Vou só me casar! E minha casa fica a três quarteirões daqui.

– Pode crer que não vou sair de lá. Principalmente quando meu sobrinho chegar.

– Isso vai demorar um pouco.

– Sei. Vai demorar uns nove meses a contar de amanhã. De amanhã, hein?

– Sua boba.

Evarista tinha lágrimas nos olhos, mas não queria chorar. Afinal, Alejandro era um ótimo homem. Ela amava-o como a um filho. Mas toda mãe chora no dia do casamento dos filhos, e Evarista não foi exceção.

– Agora, vamos. Vá se trocar, Carina. Tem muita coisa para ser feita. Daqui a pouco começam a chegar os convidados.

– Mas primeiro vamos buscar o vestido. Na

última prova estava um encanto. Carina, o Alejandro vai babar!

Juan também entrou no quarto da filha.

– Minha filha, espero que tudo corra bem; que você seja uma boa esposa para o Alejandro. Menino bom tá ali – não pôde dizer mais nada. A voz embargada não deixou.

Disfarçou e saiu do quarto. Naqueles anos todos era a segunda vez que entrava no quarto de Carina. A primeira fora quando ela ficou com sarampo.

– Vamos tomar café. Mas agora estou percebendo... Você chorou? O que aconteceu que está tão pálida? – perguntou a irmã.

– Nada sério. Tive um sonho estranho – e suspirou longamente.

– Não quer me contar?

– Agora não. Vamos buscar o vestido. Ah... ele ficou lindo, não é?

– Ficou. Mas o meu vai ficar muito mais. Vou comprá-lo em São Paulo.

– Mas que enxerida! Ainda nem noivo tem...

– Noivo não, mas me aguarde. Você passou à

minha frente; é a mais nova e vai se casar primeiro, mas eu vou logo atrás.

– Humm... se depender daquele coió do carroceiro... Como ele se chama mesmo?

– Célio. Pode ser coió, mas é lindo! E tem mais: É bem de vida. Sabe que o pai dele comprou outro sítio e pôs no nome dele? O Célio já levou pra lá duas bezerras e uma cabra. Agora vai comprar mais algumas cabeças e está iniciado o que será, futuramente, uma grande fazenda de gado. Quer melhor, maninha?

Carina abraçou a irmã, desejando que ela fosse tão feliz quanto ela o era.

O vestido ficou perfeito e ela rodopiava com ele pelo quarto. De repente, correu e fechou a janela. Ficou branca de susto. Rosalina "soltou os cachorros" em Alejandro:

– Ora, seu desajustado! Miolo mole! Não sabe que dá o maior azar o noivo ver a noiva já vestida, antes do casamento? Vem aí, pisando macio...

Alejandro deu uma sonora gargalhada:

– De que me acusa a cunhadinha? Ora essa, eu não vi nada.

– Jura por Deus? – gritou Carina, escondida dentro do quarto.

– Juro.

– Por Deus?

– Por Deus, não, que com Deus não se brinca. Juro por mim mesmo. Não acredita? Tenho palavra, sua supersticiosa boba.

Deram-se por satisfeitas. Dependuraram o vestido no cabide e fecharam o quarto à chave, à prova de curiosos.

– Carina, tem alguma coisa sua para levar? Estou indo lá em casa, se tiver, aproveito e levo.

– Tem sim, Alê. Pegue aquela mala marrom que está na sala. São roupas de uso diário que tinham ficado por aqui.

Antes de sair, Alejandro conferiu o almoço. Estava tudo adiantado. Os primeiros convidados já haviam chegado e também ajudavam na azáfama. Um grande encerado prolongava o barracão onde seria servido o almoço.

Tônia já havia passado várias vezes por ali e espiado o vaivém das pessoas. Suas risadas, suas piadas... Viu Carina de longe e adivinhou o sorriso que deveria estar ostentando. *"Que sorte a dessa caipira. Veio como quem não quer nada e fisgou o homem mais cobiçado do pedaço. Mas aguarde, que o seu está a caminho"* – pensou com revolta.

Seu pai estava tentando transferir seus negócios para São Paulo antes que sua barriga a denunciasse. À medida que o tempo passava, mais se rebelava contra o destino que, segundo ela, havia favorecido Carina em tudo, enquanto que para ela não sobrara nada de bom. O filho se desenvolvia no ventre e era amado apenas pela avó Roberta. Tônia o chamava de intrometido e várias vezes tentara livrar-se dele. Mas ele, a cada tentativa frustrada da mãe, mais se lhe agarrava ao ventre, como a árvore se agarra ao solo quando é fustigada pelo vento. *"Você não perde por esperar, seu bastardinho!"*

A algazarra na casa de Carina continuava. Desde o amanhecer que Tônia perdera o sossego. Roberta percebia sua ansiedade. Há muito sabia de sua paixão por Alejandro. Tentara impedir que ela saísse a toda hora para espiar os preparativos do casamento, mas ela, irritada, não lhe dava atenção.

Seu coração quase parou quando viu Alejandro sair com a mala. Escondeu-se depressa atrás de uma árvore. *"Aonde será que ele está indo? Com uma mala?! Ora essa, viajar agora é que ele não vai"*.

Resolveu segui-lo. Não demorou muito para perceber que ele estava se dirigindo para a casa onde moraria com Carina depois de casados. Foi atrás e, ajudada pelos novos "amigos" desencarnados, teve uma ideia: *"Nem tudo está perdido. Sei que não posso impedir o casamento, mas posso lhes dar muita dor de cabeça."*

Esperou que Alejandro passasse por ela e foi atrás sem ser vista. Alejandro entrou e foi para o quarto. Tônia foi atrás e, sem fazer o menor ruído, fechou a porta do quarto à chave. Quando ele se virou, quase caiu de susto.

– Tônia! O que faz aqui, criatura?

A moça estava transtornada. Não se sabia se era ela quem falava ou os obsessores que falavam por ela. Alejandro olhava-a sem acreditar no que estava acontecendo.

– Alejandro... E jogou-se nos seus braços, chorando.

Atônito, o rapaz desvencilhou-se dela:

– O que está fazendo, criatura?! Ficou louca de vez? Quer estragar meu casamento? É isso que quer, alma demoníaca? Meu Deus! Vá-se embora! Imagine se alguém viu você entrar!

– Não me importo.

– Mas eu sim.

E se encaminhou para a porta, abrindo-a. Depois pegou Tônia pelo braço. Sacudiu-a com raiva:

– Você não tem nenhuma dignidade, menina! Não acha humilhante se oferecer, assim, como uma vadia? Saia já daqui! E nunca mais volte!

– Se você tocar em mim mais uma vez para me pôr pra fora eu grito e digo que você me trouxe pra cá e queria abusar de mim. Não tente!

E, carinhosamente, tentou abraçá-lo. Sombras escuras a envolviam.

Alejandro deixou-a na casa e saiu.

– Fique aí. Vou chamar sua mãe, porque você enlouqueceu.

Saiu. Mas Tônia não esperou e saiu junto. Já perto de sua casa, desmaiou. Uma vizinha socorreu-a. Juntou gente e puseram-na na cama. Depois de muitas fricções de álcool no pulso e na testa, ela voltou a si e teve uma crise nervosa. Para esconder a barriga que já começava a aparecer, usava uma cinta apertada que lhe causava muito desconforto. Essa era uma das razões do desmaio.

No portão, a vizinha que primeiro socorreu

Tônia disse a Roberta que achava muito estranho aquilo tudo.

– O quê? O que é estranho, Lala?

– Tônia saiu correndo da casa do Alejandro. A casa onde ele vai morar com Carina depois de casados. O que será que aconteceu? – perguntou com desconfiança.

– Tônia foi levar um presente. Pensou que Carina estivesse lá – mentiu Roberta.

A vizinha deu um risinho sem-vergonha:

– Quem estava lá era o Alejandro.

– O que você está querendo insinuar, Lala?

– Olha, Berta... Eu gosto muito da Tônia. Conheço-a desde que nasceu, mas olha... ela anda muito estranha. Nem parece a mesma menina de antes.

– Cá entre nós, Lala, eu também estou estranhando muito minha Tônia. Que posso fazer? – e enxugou as lágrimas que, sem autorização, escorreram-lhe pelas faces.

– Por que não a leva lá no João de Camargo?[4]

4. Grande médium de cura daquela época. Já desencarnado. Sua igreja em Sorocaba é um misto de Catolicismo e Espiritismo e recebe fiéis até hoje. Sempre aberta à visitação pública.

Ele é um bom médium... Atende todo mundo. Há quem afirme que ele já curou muita gente. Leve ela lá. Não custa tentar. Já ouvi falar que Espíritos endemoninhados costumam fazer isso.

– Eu até já pensei nisso, mas quem consegue levá-la? Já disse que nem morta vai lá.

– É bem isso o que "eles" querem. Dominam a pessoa de tal modo, que ela nem quer ouvir falar de Espiritismo ou Espíritos.

As duas amigas se abraçaram. Não havia nada a fazer, por enquanto. Só o tempo daria solução àquele problema.

Tônia saiu novamente. Não conseguia ficar em casa. Tinha de presenciar o almoço de casamento da rival. O barulho se ouvia de longe. Um sanfoneiro tocava. Os cachorros latiam. Os pratos de comida saíam vazios das mesas e retornavam abarrotados de comida. O pai de Carina não parava de elogiar a leitoa assada. A coitada estava lá, semidestruída pelo apetite dos comensais. A maçã na boca lhe dava uma impressão irônica de gulodice.

Lala e Berta seguiram Tônia que, parada do outro lado da rua, não tirava os olhos do quintal de Carina. De repente, voltou resoluta.

– Minha filha, por que não sai um pouco, *an*?

Vá à casa de Sofia bater um papo. Você está com algum problema?

Tônia não parou para responder que estava tudo bem, que ela não se preocupasse. Agora que havia tomado uma decisão, parecia mais tranquila. Foi até seu quarto e pegou uma chave de sua gaveta. Esperou que Lala fosse embora e disse à mãe:

– Está bem, mama, vou dar uma chegada na casa da Sofia.

Roberta respirou aliviada. Incentivou-a a se demorar lá. Não havia pressa em voltar. Na verdade, ela não queria que a filha visse Carina vestida de noiva, encaminhando-se à igreja. Sabia que a filha sofreria ainda mais.

– Filha, por que você não leva alguma roupa e dorme por lá?

Tônia percebeu a intenção da mãe.

– Não. Dormir lá não quero. Já estou indo. Tchau, mama.

Tônia pegou o caminho da casa de Sofia. Sabia que a mãe a estaria olhando. Na esquina seguinte, voltou. Olhando para todos os lados, dirigiu-se à futura casa de Alejandro e Carina. *"Não tem ninguém lá agora. Terei tempo de sobra para fazer o que quero"* – pensava.

Sorrateiramente, abriu o portão de ferro tomando cuidado para não deixá-lo ranger. Tinha o coração enegrecido pelo ódio, pelo ciúme. Seu belo rosto se transmudara.

Entrou. Tirou a chave que mantivera consigo mesmo após a casa ter sido alugada por Alejandro. Torceu para que não tivessem trocado a fechadura. Com mãos trêmulas, olhando a rua para não ser surpreendida, como um ladrão, enfiou a chave. A porta se abriu sem nenhum ruído. Alejandro colocara óleo nas dobradiças.

Com o mesmo cuidado, fechou a porta. Ia-se encaminhando para o quarto, quando ouviu vozes:

"Deus do céu! Estou perdida!"

E as vozes se aproximavam. Tônia reconheceu-as. Eram de Carina e Alejandro. *"Que faço?"*

– Carina, você quase não almoçou – dizia Alejandro.

– Nem você. Bem vi que não comeu nada.

– Comi, sim. Um pedaço de leitoa que seu pai pôs no meu prato e ficou me olhando até eu comê-lo. Queria meu palpite. Enquanto eu não lhe disse que estava ótima, ele não desgrudou os olhos de mim.

Riram felizes, abraçados e trocando beijos.

Abriram a porta e entraram. Mais uma vez se emocionaram ao ver a casa mobiliada. Na mesinha do centro, o Eros[5], lindo de morrer, com seus cabelos encaracolados.

Carina recolocou no lugar o tapete que Tônia havia chutado sem querer ao entrar apressadamente na casa.

– Alê, vê se não chuta o tapete. Olha só aonde ele foi parar...

– Devo ter chutado sem querer. Mas venha cá. Agora não é hora de se falar em tapete.

Carina deu um risinho sem graça. Sabia muito bem quais eram as intenções do marido (já se haviam casado no civil) e foi logo dizendo:

– Nem pensar. Esperamos até agora e podemos esperar mais um pouco. Vamos ter a vida toda para ter um ao outro.

– Puxa! Mas já estamos casados. O civil é que vale. Olha aqui a prova – e mostrou-lhe a aliança.

Carina olhou para a própria mão. Beijou a aliança. *"Sim, estamos casados."* De repente, aquelas lembranças surgiram novamente. Cruéis. Indese-

5. Deus grego do amor (N.A).

jáveis. Fora de hora. Ela ficou séria e emudeceu de repente.

Alejandro a tirou daqueles pensamentos mórbidos.

– O que foi? Não está feliz? Não está com medo, está? Porque, se estiver, vou ficar ofendido! Não sou nenhum bruto. Sei lidar com uma virgem, pode crer!

– Não é nada disso, Alê. Claro que não estou com medo. Conheço você. É que... bem... deixa pra lá.

– Não vou deixar pra lá. Conte-me. O que a preocupa?

Carina lhe contou aquelas estranhas lembranças que não sabia de onde vinham. Aquela estranha casa, as tentativas para tirar alguém de lá, as mãos que não conseguiam se tocar...

Alejandro ouviu tudo com espanto, pois que também ele tinha sonhos extravagantes e muito parecidos com aqueles. Era como se estivessem os dois juntos, vivendo um mesmo drama insólito. Ficou muito pálido: *"Santo Cristo! O que significa isso?"*

Mas estava decidido a impedir qualquer contrariedade naquele dia. Inconscientemente, sabia que tudo se daria da forma como deveria se dar. Com preocupação ou sem preocupação, a vida seguiria seu caminho insondável.

– É isto: vamos deixar pra lá tudo que possa nos aborrecer. Não fique com essa cara de preocupada. Confiemos em Deus, que é pai. Venha cá *muchacha*.

Alejandro abraçou-a com extremado amor. Beijaram-se. Fizeram planos, ali sentados naquela cama onde seriam felizes por alguns anos... E depois... Mas não precipitemos a narrativa.

– Agora, vamos. Nossa ausência já deve estar ensejando piadas de mau gosto – disse Carina.

Saíram, para alívio de Tônia que, no desespero por não ser surpreendida, escondera-se debaixo da cama. Foi o pior lugar que poderia ter escolhido. Dali ouviu as declarações de amor... os beijos... os planos para o futuro. Carina e Alejandro estavam felizes. Por muito pouco não ouviu maiores intimidades do ato do amor. Dali sentiu que tudo estava perdido para ela. Só lhe restava a vingança.

Arrastou-se de debaixo da cama. Chutou, agora propositadamente, o tapete ao lado da cama. Depois uma calmaria a envolveu. Como se tivesse esgotado toda a sua força. Deitou-se naquela cama onde jamais se deitaria com Alejandro. Manchou a bela colcha branca de crochê com suas lágrimas. Depois foi até a gaveta do guarda-roupa. Procurava alguma peça de Alejandro, mas teria de ser alguma peça da qual ele não sentisse falta. Pegou um par de meias. *"Não, esse não. Ainda não foi usado. Tudo desta gaveta é novo. Lá, eles disseram que tem de ser uma peça já usada"* – lembrou.

Procurou mais um pouco e encontrou uma camiseta já rota pelo uso. Pegou-a e a guardou junto ao corpo. Cuidadosamente, saiu. Já tinha o que queria.

14 | *Alegria para uma, tristeza para outra*

O casamento fora simples, como simples eram todos os participantes. Carina estava bela no seu vestido branco. Nem mesmo nesse dia quis usar alguma pintura. Tomou seu banho com mais capricho; lavou bem os cabelos, que já estavam mais crescidos, cortou as unhas e as poliu. Pronto. Era aquela a Carina que todos conheciam. Era aquela a Carina que despertara o amor de Alejandro. Simples. Caráter íntegro. Caridosa. Prestativa. Sem nenhum artifício para valorizar a beleza natural, mas, infelizmente, irascível. Pavio curto. Agressiva quando contrariada. Saldo: positivo. Os defeitos... Quem não os tem? É trabalho nosso eliminá-los; finalidade das inúmeras existências. Ninguém chega à universidade sem antes passar pelos bancos primários.

O sino da igreja acabava de badalar as dezoito horas. A igreja estava lotada. Era comum a presença de curiosos que nem conheciam os noivos sentarem-se e assistir a todos os casamentos. Para muitos era o programa de sábado à tarde.

Alejandro estava no altar. Impaciente. Incomodado no seu terno emprestado. Evarista fazia força para não chorar. Estava vestida simplesmente, mas bonita. O pai estava sério. Compenetrado. Nervoso, cofiava sem parar a barba, que lembrava barbicha de bode.

Duas das irmãs de Carina, com seus maridos, eram os padrinhos.

Enfim, a marcha nupcial. Carina tremeu. Estava na entrada e dava o braço ao padrinho (naquela época não era o pai quem conduzia a noiva, e sim o padrinho). A música era o sinal esperado para a noiva entrar e ela foi andando muito depressa, o que a fez chegar rapidamente ao altar.

Alejandro afrouxou o nó da gravata e foi receber a noiva. Tão nervoso estava, que se esqueceu de beijá-la na testa, conforme o costume. Foi na troca de alianças que ela chorou. Não sabia que o choro se repetiria ao longo de sua vida... Por razões diferentes. Evoluir é preciso. Não necessariamente com dor, porém, na imaturidade da alma não conhecemos instrumento melhor.

Enfim, casados. Felizes. Tudo quadradinho, como era o desejo dos pais e o costume da época.

Os gritos de "viva os noivos" e os rojões anunciaram a chegada dos noivos.

Tônia ouviu tudo do seu canto. Escondida. Não chorava. Tinha o coração endurecido e uma revolta muda na alma.

Depois de ter roubado a camiseta de Alejandro, levou-a para a casa de uma velhota matreira, que dizia ter sido mãe de santo em sua terra, na Bahia.

– Trouxe o que lhe pedi, minha filha?

– Sim, Nhá Feliciana – e lhe estendeu o embrulho.

A mulher pegara o embrulho e se dirigira para o interior de sua casa. Tônia seguiu-a. Entraram num quarto pequeno e abafado, iluminado apenas por uma vela, cuja chama oscilava. Os borrões que escorriam lembravam lágrimas ardentes. Lágrimas de Carina? Tônia desejara que assim fosse.

A mulher fora até ao altar. Várias imagens de santo e, bem no meio, a figura majestosa de Iemanjá, a rainha dos mares. Dependurados atrás de uma porta, vários ramos de ervas já ressecados e, por todo lado, velas vermelhas e negras espalhadas. Deixara sobre o altar a camiseta de Alejandro e saíra do quarto segurando o braço de Tônia. Seguiram para o quintal, onde Nhá Feliciana colhera alguns ramos de arruda e uma planta comprida chamada Espada-de-São-Jorge.

Tônia estivera expectante.

– O que a senhora vai fazer com isso?

– Vou benzê a zinfia que tá amargurada de fazê dó. Vô pidi pros santos qui aliviem seu Esprito. Vai vê cumo vai miorá, zinfia.

Indicara um banco na cozinha e pedira que Tônia se sentasse. Receosa, ela se sentara. *"Mas que droga! Não vim aqui para ser benta... Ah, meu Deus, vou ter de contar isso na próxima confissão. O padre vai me dar uma penitência daquelas..."*

Nhá Feliciana começara sua benzedura. O

ramo de arruda recém-colhido ficara murcho na hora em que tocou a cabeça de Tônia. Parecia ter sido aferventado. Com a Espada-de-São-Jorge, fizera um estranho ritual. Para tirar os maus fluidos, dissera à Tônia.

– Mas, Nhá Feliciana, o que a senhora vai fazer com a camiseta que eu lhe trouxe, *an*? Já lhe falei que aquelas pessoas não podem ser felizes de jeito nenhum!

Nhá Feliciana sorrira seu riso frouxo.

– O que vou fazer não é de sua conta, zinfia. Deixe estar... Os orixás é que vão decidir. Eu, de mim, confesso que nada posso fazer.

***

Tônia esqueceu por alguns minutos o casamento enquanto recordava a entrevista com Nhá Feliciana. Mas um rojão explodiu e ela deu um grito de susto. Voltou ao desespero que lhe era aquela união.

Roberta, preocupada com ela, foi procurá-la. Já sabia onde a encontraria.

– Tônia, minha filha! Por que se torturar desse jeito *an*? Vamos embora. Fiz aquele bolo de que você tanto gosta.

A moça deixou-se conduzir, indiferente, ralada de desespero. Seu pai não havia conseguido mudar-se dali, conforme era seu desejo. Até que ponto conseguiria manter escondida a barriga? O pobre feto crescia espremido. Tônia só lhe dava mais espaço à noite, mesmo assim porque não conseguia dormir apertada.

15 | *O nascimento de Victório*

Carina e Alejandro viveram os primeiros meses atordoados de felicidade. Mas, como quase tudo tem um "mas", depressa começaram a tropeçar nas pedras do caminho. Aquela casa simples, onde reinava o amor e a concórdia, começou a ser novamente povoada por estranhos seres.

Alejandro era equilibrado, tranquilo, mas Carina se descontrolava com muita facilidade, e os seres trevosos aproveitavam esses momentos para atormentá-la. Então ela se desesperava. Via-se sozinha. Só tinha algum sossego quando Alejandro estava por perto. Quando ausente, ela sempre se lembrava daqueles sonhos insólitos.

A gravidez veio em seu auxílio. Ficaram radiantes. Fizeram planos. Os pensamentos positivos e o bom astral conseguiram afastar, por um tempo, a negatividade da casa. Aquela criança mais os uniria e Carina já via o filho correndo pela casa, brincando no quintal, de cara lambuzada de chocolate...

À noite, Alejandro acariciava sua barriga enquanto fazia planos para o bebê. Agora, sua principal preocupação era aumentar a renda para dar tudo o que Carina e a criança necessitassem.

Mas havia Tônia ameaçando aquela felicidade. A pobre moça estava num grau de obsessão tão grande, que já não era dona de sua vontade. O nascimento do filho deveria dar-se dali a dois meses. Roberta, quando percebeu que ela apertava o neto, ficou indignada:

"Tônia, ficou maluca, *an?* Quer que o bambino nasça com algum defeito? Oh, santo Cristo! Quem vai pôr um pouco de juízo nessa sua cabeça oca?" – Assim, ela nunca mais colocou a cinta. Também não saiu mais de casa para evitar a língua afiada do povo. À noite ia para a casa de Sofia e lá ficava por semanas, pois não era conhecida ali.

Numa noite de tempestade, seu bebê nasceu antes do tempo. Com sete meses. Era um bebê miudinho. Seu rosto não era maior do que uma maçã. Felizmente, Sofia entendia de parto, pois não deu tempo de chamar a parteira adrede contratada. Tônia deu um suspiro de alívio: já não tinha nas entranhas o filho indesejado. Escutou seu choro enfraquecido, mas não se condoeu. O instinto materno não se manifestou naquela estranha criatura, antes, a aversão invadiu sua alma.

Sofia cortou o cordão umbilical, limpou o menino que, já sem forças, havia parado de chorar e chupava os dedos. Enrolou-o em uma toalha de banho, pois, prematuro, não tinha nenhuma roupa ali.

– Não quer saber nem o sexo de sua criança?

Tônia, indiferente, deu de ombros. Sofia olhou-a com desprezo:

– Que espécie de mãe é você, que não olha o rosto do próprio filho? As próprias feras lambem seus filhotes quando nascem. E você nem se comove com seus vagidos? Só pensa em si mesma? Deus que me perdoe, Tônia! Não imaginava que seu coração fosse de pedra!

– É menino ou menina? – enfim, perguntou.

– É um menino bonitinho. Mas está tão fraquinho, que nem consegue chorar. Veja. Deve estar com fome, dê-lhe o peito.

– Ainda não veio o leite. Nem sei se virá.

Pegou o filho no colo. Olhou-o:

– Não é que o bichinho é parecido com o pai? Se Dário o visse iria implorar para se casar comigo. Mas ele nunca o verá. Nunca. Eu jamais me casarei com ele.

– Você não deve ser tão orgulhosa. Afinal, ele é o pai deste garotinho, aqui. E depois... Acho que você não tem direito de escolha. Deve dar graças a Deus se um dia ele voltar e quiser assumir você e o menino.

O recém-nascido começou a ter um espasmo estranho.

– Vou mandar chamar sua mãe. Vou pedir para ela trazer um médico, esse nenê não está nada bem. Antes vou ver se tenho camomila em casa para fazer um chá.

– Acho que não vai dar tempo. A farmácia fica longe daqui, e precisamos de uma mamadeira. Como ele vai tomar o chá? – manifestou-se Tônia.

– É. Você tem razão. Dê-lhe o peito. Ainda que não tenha leite, isso estimulará e ele poderá vir mais cedo. Pobre anjinho... Veja como chupa os dois dedinhos.

– Vá logo avisar a mama. Acho que de médico não preciso, não.

– Você não, mas o nenê, sim. Não vê que ele não está bem? Agora chega de conversa. Vou num pé e volto no outro. Você ficará bem aqui, sozinha?

– Claro. Pode ir – e seus olhos brilharam de forma estranha.

Assim que se viu sozinha com o filho, Tônia o desenrolou. O corpinho nu estremeceu. Ambos os bracinhos se levantaram e ficaram trementes. Depois, o choro fraquinho, que mal saía de sua garganta. Um sopro de vento entrou pela janela semiaberta. E Tônia ficou olhando aquele corpinho indefeso ir ficando roxo... roxo... O choro rouco... As perninhas se agitando num tremor involuntário. Mas naquela mãe não havia amor, só revolta e ódio. *"Chegou o momento, Carina. Chegou o momento, Alejandro! Quero ver se vocês sorrirão depois disso."*

Espectros pardacentos invadiram o quarto. Aproximaram-se de Tônia, mas uma entidade feroz, trajando uma capa negra que lhe encobria os pés, interpôs-se entre eles e os fez recuarem. Aquilo era serviço dele. Tônia o requisitara por intermédio de Nhá Feliciana.

Maximiliano tentou intervir. Mas a ligação da

protegida com o obsessor era fortalecida pelo desejo dela. Se ele teimasse em separar os dois, por certo faria estragos irreversíveis no organismo de Tônia, levando-a à desencarnação. Então ele se retirou e ficou observando. Lágrimas escorreram por seu rosto. Tônia lhe era Espírito muito querido, e ele prometera ajudá-la na atual existência. Mas estava sendo difícil. O amor desequilibrado de Tônia por Alejandro datava de vivências passadas. Já mostramos que na existência anterior ela fora Ayana, a irmã da freira Maria. Assim, como podemos mudar de endereço e continuarmos nós mesmos, o Espírito pode mudar de corpo e manter sua individualidade, suas virtudes, seus defeitos, seus erros, suas tendências. De forma que a irmã Maria de ontem, era a Carina de hoje, assim como o Christhofer era hoje Alejandro. Em qualquer sofrimento, não há inocentes. A vida nos cobra o que deixamos de fazer no bem, bem como o que fizermos no mal. Os desencontros – que muitas vezes achamos que são castigo que Deus nos manda – podem ter sido pedidos por nós mesmos a fim de nos reequilibrarmos com a Lei que um dia desrespeitamos. Ninguém consegue se melhorar em Espírito, habitar um mundo melhor, mais feliz, se não saldar suas dívidas. Ainda que nos fosse permitido viver num mundo melhor do que nossa querida escola Terra, não conseguiríamos. Nossos fluidos pesados, animalizados, não nos deixariam ali respirar e ansiaríamos para retornar aos nossos iguais. Nossas limitações são lastros que nos retêm na superfície da Terra. Impossível fazer claridade quando caminhamos com as trevas. Compreensível.

Maximiliano percebeu que o pequenino corria perigo, então, pediu ajuda a um Espírito poderoso e, juntos, conseguiram afastar com segurança o obsessor de Tônia, aquele que viera por intermédio de Nhá Feliciana.

Pressentindo a presença dos protetores, a jovem mãe sensibilizou-se e tornou a enrolar o pequenino. Ofereceu-lhe o peito sem alimento, mas o menino já não tinha forças para sugar.

"Deus meu! Será que ele vai morrer?"

Em seguida, levantou-se. Arrumou-se às pressas. Também estava sangrando mais do que o natural, mas achou que era normal. Pegou o filho nos braços e saiu rápida. A noite engolia a cidade enquanto Tônia caminhava com obstinação. A sombra não podia se aproximar dela, mas como estavam ambos conectados com o mal, a acompanhava de longe, incentivando-a. Aonde ela iria? Por que não esperara por Sofia e sua mãe? Só ela e o obsessor sabiam do plano hediondo que ambos traçaram bem antes do nascimento da criança. Fora tal plano que lhe dera forças para continuar com a gravidez. Debalde Maximiliano tentava intervir.

Tônia trazia o filho apertado contra o corpo, quando ele teve mais um espasmo. Aquela vida estava por um fio.

– Tônia, não! Não faça mais mal a esse Espírito. Você já o magoou muito como Ayana. Ele foi um bom marido e você o traiu. Ele morreu magoado. Você lhe deve reparação, Tônia. Aceite-o para seu próprio equilíbrio! – dizia-lhe o guia espiritual.

Mas ela não lhe deu ouvidos.

O portão, recentemente pintado por Alejandro, foi aberto bem devagar. Tônia seguiu até os primeiros degraus e lá deixou o pequeno embrulho. Não olhou para o rostinho rosado. Maximiliano e o Espírito luminescente tratavam de transmitir energias vitalizadoras ao pequenino. Ele não deveria morrer, pois isso aumentaria ainda mais o carma negativo de Tônia. Aquele Espírito era um credor que lhe batia à porta.

Como se tivesse cumprido uma missão, Tônia sorriu. Sentiu-se livre e desembaraçada. O sangue já se lhe escorria pelas pernas e ela sentiu-se desmaiar. Com esforço, entrou em sua casa. Mas não havia ninguém lá. Todos tinham ido até a casa de Sofia.

Ela empurrou a porta da lavanderia, que ficava sempre aberta, e entrou. Estendeu algumas roupas no chão e deitou-se. Só acordou horas depois, com os gritos de sua mãe. Estava quase morta, ensopada de sangue. A mãe perguntou pelo bebê, mas ela já não podia responder.

Levaram-na, às pressas, para o hospital.

Imediatamente foi atendida e tratada. Passado o perigo de morte, a mãe tornou a perguntar pelo bebê. Estava aflita. Ela afirmou que não se lembrava de nada, para desespero da família.

– Temo que sua memória tenha sido prejudicada – disse o pai, com voz embargada. Que *bambina* sem juízo, *Dio mio*!

Sofia estava desconfiada. Esperou que os pais de Tônia se afastassem um pouco e perguntou à queima-roupa:

– A mim você não engana com essa história. Deixei o bebê com você. O que fez a ele, sua mãe desnaturada?

Tônia olhou-a. Tinha os olhos baços e envelhecera dez anos naquelas últimas horas. Balbuciou alguma coisa incompreensível e virou-se para a parede. Mas a prima estava realmente furiosa:

– Não se finja de morta ou de tola! O que fez com o bebê?

– O que foi, Sofia? Você está nervosa! O que estão conversando? – perguntou Roberta, aproximando-se.

– É que... Não sei não, tia, mas acho que Tônia matou o bebê e o enterrou por aí. Só pode. Por que ela haveria de sair da cama? Ainda estava prostrada devido ao parto. Ninguém me tira da cabeça que foi isso!

Roberta e Felice ficaram brancos. Já era terrível demais que a filha fosse mãe solteira, agora... fria assassina?

– Acho que devemos chamar a polícia, Felice. Temos de descobrir onde foi parar nosso *bambino*! Talvez até alguém o tenha roubado, *an*?... Ou ela o tenha dado... Tônia não está no seu juízo perfeito.

– Vamos esperar. Ela ainda está sob os efeitos de sedativos. Quando estiver mais consciente, então vai nos contar o que fez – disse o pai.

Felice estava como que abobalhado. Tinha lágrimas nos olhos. Sofia indignou-se:

– Esperar? Esperar? Pode ser que o bebê, se não estiver morto, morra! Sabe-se lá o que essa doida idiota fez...

– Sofia... Não julgue a pobre Tônia. Ainda não sabemos de nada. Talvez ela simplesmente tenha dado o bebê para alguém. Vamos achá-lo. Mas você tem razão. Temos de avisar a polícia e depressa.

A polícia foi avisada. Quiseram interrogar Tônia, mas ela havia caído num sono profundo. Nada poderia ser feito no momento. O estado dela era grave. Havia perdido muito sangue. Roberta insistiu em ficar perto dela. Não arredaria os pés dali enquanto a filha não se recuperasse. Deus haveria de ajudar seu neto onde quer que ele estivesse.

– Tio Felice...

– Que foi? Mais alguma desgraça?

– Não. Toda desgraça que tinha de acontecer já aconteceu. O que quero dizer é que Tônia, uma vez, me disse que quando o filho nascesse ela iria colocá-lo na porta de Alejandro. Pode ser...

– Essa menina me faz velho antes do tempo! Que tem o Alejandro a ver com isso? Um homem tão decente!

Sofia contou tudo ao tio. A rejeição de que fora vítima, o ódio que ela nutria por Carina, o amor obsessivo que sempre tivera por Alejandro.

– E Tônia nunca se conformou em ser desprezada por ele, embora ele nunca lhe tenha dado esperanças ou lhe faltado com o devido respeito.

As bochechas salientes de Felice tremiam à medida que Sofia contava os segredos da filha.

– *Dio mio*! Que *bambina* fraca, *an?* Sei aonde você quer chegar, Sofia. Pondo a criança na porta de Alejandro, ela está insinuando que o *bambino* é filho dele...

De repente, ficou apreensivo:

– Sofia... Talvez ele seja mesmo o pai e não Dário... Pode ser, não pode?

– Não, tio. Sei tudo o que se passou com Tônia. Somos confidentes. Sou a irmã que ela não teve. Qualquer fato, por insignificante que seja, ela me conta. E depois... eu vi o menino. É Dário em miniatura.

– *Infelice... Maledeto...*

– Talvez tenha sido melhor. Dário nunca prestou. Causaria muita dor de cabeça à família. E não creio que Tônia, com o gênio pirracento que tem, iria aguentá-lo por muito tempo.

– E o meu neto? *Dio mio*! Viu se seus olhos eram azuis como os meus e os de Tônia?

– Ele é lindo! Mas muito pequenino. Infelizmente, não deu para ver a cor dos olhos.

Ao lembrar que ela o ajudara a vir ao mundo, que cortara o cordão umbilical, que o lavara, o agasalhara, as lágrimas, que até então conseguira segurar, romperam o dique e molharam seu rosto.

Felice abraçou-a.

– Que *Dio* proteja *o bambino!*

Sentiu que o amor pelo neto era inconteste em seu coração, fosse ele filho de quem fosse. Tivera só Tônia de filha e aquele *bambino* era sua esperança. Se fosse encontrado eles o criariam com muito amor.

16 | A frustração de Alejandro e Carina

A dor, quer seja física ou moral, não é imposição de Deus para nos infelicitar; é simplesmente consequência natural de atos atuais ou do passado. Enquanto persistir a causa que a provoca, nossa vida sofrerá tribulações, impedindo que a felicidade se estabeleça.

Alejandro e Carina não cabiam em si de felizes. Todo mar tem seus dias de calmaria. O mar de suas vidas vivia momentos roubados dessa calmaria. Nenhuma nuvem negra no firmamento; nenhum navio pirata carregado de sofrimento os ameaçava.

– Sou mesmo um cara de sorte. Depressa a

cegonha descobriu nosso endereço – disse Alejandro, sorrindo, enquanto acariciava a barriga de Carina.

Nenhum navio pirata carregado de sofrimento, afirmamos há pouco? Ledo engano! No desejo de dar ao casal mais momentos de paz e felicidade, desviamo-nos da rota que levaria à fatal turbulência. Na verdade, o navio já estava bem perto do porto. A bandeira pirata se agitava ao vento e já podia ser vista da praia de Carina e seu marido amado.

Assim que Tônia deixou o filho quase morto em sua porta, Carina acordou. Estava aflita. Uma sensação de insegurança e angústia tomou conta dela.

– O que foi, Carina? Perdeu o sono?

– Acho que sim. De repente, senti-me ansiosa e tensa. Como se uma desgraça fosse acontecer... Espere... Ouviu alguma coisa lá fora?

Alejandro aguçou os ouvidos.

– Não ouvi nada. Você está assustada à toa. Durma. Amanhã tenho de levantar cedo.

Maximiliano entrou na casa e envolveu Alejandro. Ele era mais sensível às razões do Espírito: “Alejandro, levante-se. Carina tem razão. Há alguém lá fora. Alguém que precisa de assistência médica imediata.”

Alejandro pulou da cama. Carina assustou-se.

– O que deu em você? Me manda dormir e salta da cama?

– Acho que você tem razão; ouvi também alguma coisa lá fora. Alejandro não quis dizer que se tratava de um chamado espiritual.

Vestiu depressa um agasalho por cima do pijama. Carina também se levantou. Estava assustada, pois começou a sentir dores no ventre: “Deve ser de nervoso” – pensou e nada disse ao já preocupado marido.

Fazia uma noite escura. O vento chacoalhava a árvore no quintal. Alejandro abriu a porta da sala. Uma rajada de vento invadiu a casa. Atrás do marido, Carina tremia. Ouviu distintamente o choro enfraquecido de uma criança.

– Carina, volte para a cama. Você pode pegar um resfriado. Eu vou dar uma olhada por aí.

– Nem pensar que fico aqui sozinha! Vou junto. O que tiver de acontecer, que aconteça a nós dois.

Não adiantava teimar. O "sargento Carina" decidiu assim e assim haveria de ser.

Acenderam a luz da frente e pararam estarrecidos. No último degrau da escada que conduzia à sala, estava um pequeno embrulho. Alejandro pegou-o. Era um bebê.

Carina arrebatou-o dos seus braços.

– Santo Deus! Quem teria tido a coragem de deixar este inocente aqui na nossa porta!? E com um tempo desses! Só pode ser uma mãe-fera!

– Nem as feras abandonam suas crias. Deve ser alguém muito desesperado.

– Ou que é feito só de maldades...

– Não vamos fazer julgamentos precipitados. Só Deus conhece os dois lados de tudo.

Vê-se que, não fosse Alejandro um operário, poderia muito bem ser um filósofo. Tal sensatez era uma das suas qualidades mais apreciadas por quem o conhecia.

– Vamos ver o que podemos fazer por este nenê – e Carina viu que os olhos do marido estavam brilhantes de lágrimas. Foi a primeira pontada aguda da desconfiança. Guardou-a para si mesma. Aquele não era o momento.

Levaram o recém-nascido para dentro. Estava quase morrendo. Carina deu-lhe um banho de água quentinha e o envolveu em panos limpos e aquecidos a ferro por Alejandro. Em seguida, fez um chá de camomila. Tentaram fazê-lo beber usando uma colher de café, mas não deu resultado. O bebê não estava reagindo.

– Precisamos levá-lo a um hospital, senão ele morre. Se já não estiver morrendo. Veja que respiração débil.

Carina concordou. Queria dizer ao marido que, com tanto susto e emoção, começou a sentir contrações, mas ele já estava tão preocupado, que ela resolveu tomar um pouco do chá feito para o bebê e nada dizer. Depois que providenciassem a internação, então trataria de si.

– Acho que temos de ir também à polícia.

– Vamos primeiro ao hospital. A vida dele corre perigo – afirmou Carina.

– Claro.

Agasalharam ainda mais o recém-nascido e correram em busca de ajuda. Imediatamente, o médico plantonista cuidou dele. Só depois de se certificar de que tudo fora feito em favor da vida do pequenino, Alejandro e Carina contaram o ocorrido. A direção do hospital orientou-os. Teriam de ir à delegacia. Quando o médico soube do acontecido, lembrou-se da paciente que entrara, horas antes, com caso grave de hemorragia pós-parto. Ligou os fatos. Havia-se inteirado de que a mulher não sabia onde estava o filho recém-nascido. Agora tudo se esclarecia.

Carina começou a passar mal no hospital. As contrações aumentaram pela ansiedade. Um médico ginecologista foi chamado. Soube que ela estava grávida de algumas semanas. Examinou-a, e, sob o olhar assustado de Alejandro, foi incisivo:

– A senhora tem de se internar imediatamente; está prestes a perder o bebê.

Carina deu um grito e quase desfaleceu.

"Será que tudo de ruim deixou para acontecer hoje?" – perguntou-se Alejandro.

Carina foi medicada, mas não quis ficar internada. Prometeu que faria o repouso em casa, pois não suportava hospitais desde que começaram os tais sonhos estranhos com aquela casa que, de repente, se transformava em um hospital: A casa dos aflitos. Ela perderia o filho se fosse ali internada – afirmou.

Alejandro concordou. No dia seguinte, não

foi ao trabalho. Ficou junto dela até a sogra chegar. Só então foi à fábrica justificar-se. Pediu licença, pois queria ele próprio cuidar da mulher. Sabia-a mandona como um sargento, e só ele a faria cumprir a promessa de guardar o leito enquanto corresse perigo de aborto espontâneo.

No hospital, tudo foi esclarecido. Na semana seguinte, Tônia estava melhor e, aos prantos, contou o que tinha acontecido. Porém, não demonstrou nenhuma vontade de ver o filho. A custo, a mãe a convenceu a amamentá-lo, pois o leite lhe endurecia o peito, enquanto o filho tomava o leite de outras mães.

Ao tomá-lo nos braços, olhou-o demoradamente. Ele estava desperto. Em poucos dias, tinha crescido e engordado. Era um lindo bebê. Os olhos eram dela: azuis como um céu sem nuvens. De resto, em tudo lembrava Dário, e isso a irritava profundamente.

– Vamos, filha. Eu ajudo você. Às vezes é difícil a criança pegar o peito.

– Ele parece faminto. Desde que nasceu parece faminto.

– Veja, Tônia! Ma que lindo! Parece que está sorrindo pra você, *an?* Está agradecendo pelo "jantar" – disse dona Roberta, feliz.

– Os bebês têm desses espasmos, mama. Não é sorriso.

O pequenino dormiu sugando o leite morno da mãe.

***

O movimento de assistência espiritual no hospital era grande. Espíritos alvinitentes deslizavam de um lado a outro, prestando socorro; inspirando os médicos, aplicando recursos magnéticos... Também do lado das trevas viam-se entidades malévolas "grudadas" nos doentes. Agourentas. Aves escuras esperando que a morte liberasse o enfermo para iniciarem a festa da vingança. De tal forma que os dois mundos se interpenetravam.

Já foi exaustivamente lembrado que cada ato nosso fica gravado no corpo perispirítico; que aqueles a quem ofendemos não esquecem nunca; que por mais tempo nos demoremos no corpo material, sempre chega a hora do enfrentamento; do cara a cara com nossos desafetos.

Tônia já estava mais à vontade com o filho. Mas, teimosamente, ainda relutava em aceitá-lo. Era o ferrenho obsessor quem a influenciava. Afinal, ela pensava, levara a gravidez a termo só para acabar com a paz e o amor de Alejandro e Carina. *"O tiro me saiu pela culatra, an?"*

Maximiliano, que estava comovido com a cena, providenciou para que o Espírito obsessor fosse afastado. Sabia que seria provisório tal afastamento, pois Tônia haveria de chamá-lo novamente a seu convívio. Muitos casos existem em que o encarnado é o obsessor do desencarnado. Não consegue viver sem aquela presença nociva, e a requisita em pensamentos. No caso em tela, Tônia era obsessora e obsidiada.

Tudo esclarecido, Roberta e Felice ficaram felizes pela recuperação do neto que, embora muito fraquinho, ia conseguindo vencer a morte. Foi um grande pequeno guerreiro. Desde sua concepção, muito lutou pelo direito à vida. Deram-lhe o nome de Victório, não só em homenagem ao avô materno, que assim se chamava, como também pela vitória que estava conseguindo com forças hercúleas.

Tônia recebeu alta. Estava curada no sentido físico, mas espiritualmente não estava bem. Em sua aura já estava registrada a virtual desarmonia física. Era questão de tempo. Senão, vejamos o que nos diz o Espírito André Luiz pela psicografia de Chico Xavier, em *Missionários da Luz:*

"Quase sempre o corpo doente assinala a

mente enfermiça. A organização fisiológica, segundo conhecemos no campo de cogitações terrestres, não vai além do vaso de barro, dentro do molde preexistente do corpo espiritual. Atingido o molde em sua estrutura pelos golpes das vibrações inferiores, o vaso refletirá imediatamente" (...) "O desequilíbrio da mente pode determinar a perturbação geral das células orgânicas. É por este motivo que as obsessões, quase sempre, se acompanham de característicos muito dolorosos. As intoxicações da alma determinam as moléstias do corpo".

É claro que não podemos generalizar. Há casos em que a doença poderá ser um teste para aferir evolução, tornando-se, assim, um meio de o Espírito se depurar e poder subir mais um degrau na escala evolutiva. Na "nossa modéstia" quase sempre a atribuímos a outros fatores que não ao desequilíbrio espiritual, que é mais frequente. A matriz, de qualquer doença, manifesta-se primeiramente em nossa aura, pois que é esta, a projeção do trio: perispírito, duplo etérico e corpo físico. Aí está a razão de os Espíritos qualificados se inteirarem das nossas doenças antes de elas se manifestarem fisicamente. Nesse estágio, a doença virtual poderá ser eliminada – quando houver merecimento; quando a pessoa não mais precisar dela para não cair mais – através de passes magnéticos, pela modificação de conduta, por nossa vontade... É sabido que o pensamento e a vontade são forças plásticas organizadoras.

Tônia tinha em sua aura as desarmonias que se transformariam em doença física. Mudasse ela de postura, poderia (a doença) não se manifestar e morrer no nascedouro, como um filho abortado; não desejado.

17 | *Desconfianças*

Carina seguia as determinações do médico no tocante a fazer repouso. Todavia, não conseguia o repouso mental. O fato de aquele bebê ter sido colocado justamente em sua porta... A emoção de Alejandro... *"Será que ele teve alguma aventura extraconjugal?"* Agitava-se. Como se já não bastasse tal tormento, voltavam-lhe os sonhos intoleráveis. Ouvia sempre nos tímpanos espirituais que não era digna de ter aquele filho; que o perderia, porque outrora não soubera valorizar a vida e despedaçara no ventre um filho que deveria ter nascido. E, na semiconsciência do sono gritava: Christhofer... Christhofer... Nós não podemos! Não temos o direito de ser felizes... Ó Deus! Faça com que tudo logo termine...

Nesses momentos, sombras voejavam em torno dela, mas não podiam se aproximar o quanto desejavam. Os Espíritos que cuidavam daquele renascimento protegiam-na de forma especial.

Carina acordava molhada pela transpiração excessiva. Ofegante. Chorosa. Alejandro a reconfortava. Sentava-a no colo e a acariciava. Pudesse ele transferir para si todo aquele sofrimento, o teria feito.

"Em que mistério ambos estariam envolvidos?" – perguntava-se Alejandro, que tinha o dom da premonição. Naquela ocasião em que estivera com Tônia ali, naquela mesma casa, ela havia dado passividade a um Espírito obsessor que também o chamara de Christhofer, que o ameaçara, que parecia odiá-lo. E ele sentiu que Christhofer bem poderia ter sido ele mesmo em outra existência. *"Quem somos nós para negar? O que sabemos sobre os desígnios de Deus? Do processo que usa para a evolução de sua criação? Nada!"* – concluía Alejandro.

Nossa humanidade está ainda bem longe de compreender e aceitar tais verdades. Muitos olham para a ponta de seus narizes e sorriem com desdém para esse método educacional.

– Alê, não consigo mais ficar nesta cama! Gostaria de me levantar, cuidar da casa, de você...

Fazer o enxoval do nosso filho... mas tenho de ficar aqui, prisioneira dentro do meu próprio quarto!

– Tenha um pouco mais de paciência, Carina. O sangramento continua. Iremos ao médico amanhã conforme está marcado. Vamos aguardar a opinião dele. Estou preocupado com nosso bebê.

Não houve amanhã para o bebê. Naquela mesma noite, ele voltou para a espiritualidade nos braços do Espírito que o havia ligado ao embrião. Não chegara a recobrar a consciência daquela curta existência no ventre da mãe.

O desespero de Carina foi inenarrável! A dor abriu um sulco de revolta em seu coração rebelde e, pela primeira vez, ela bradou contra Deus! Que Pai era aquele que lhe tirava o filho tão desejado? Que Pai era aquele que não levava em conta seu desespero?

Então... ela ficou de mal com Deus.

Afastou-se dos amigos. Revoltou-se com Alejandro quando ele quis consolá-la. Tirou a espada de generala e declarou guerra. Mas a bondade do Criador não permitiu que ela se lembrasse de que fora a responsável por aquela perda; não a fez lembrar-se da freira Maria... de Christhofer... da igreja Nossa Senhora da Conceição, em Olinda, destruída à época da invasão holandesa na Bahia e, após, transformada em casa para mulheres abandonadas. Envergonhar-se-ia Carina se se lembrasse de todo seu passado espiritual. Gritava, agora. Bradava contra a justiça, mas quando se apossasse do seu passado de erros e vergonhas, bradaria por perdão; pelo amor desse Pai que nos ama, apesar de todas as nossas mazelas.

Três meses haviam passado e Carina continuava na sua revolta muda. Queria isolar-se do mundo. Nem mesmo a presença de Alejandro a reconfortava. Caía, assim, na armadilha da mente (monoideísmo): quanto mais pensava, mais fixava a desconfiança que a maltratava e a fazia sofrer tanto. No íntimo, culpava Alejandro, achando que ele a tivesse traído com Tônia; que por essa razão ela pusera o filho quase morto em sua porta. E foi por esse susto que ela perdera seu filho. Culpava-o duplamente. Pelo filho de Tônia e pelo seu.

– Carina. Não estou suportando mais essa sua atitude. Não estou compreendendo... Ao invés de a dor nos unir, está nos separando! Deixou de me amar? É isso?

Carina gostaria de falar de suas suspeitas, mas ela mesma achava tão pueril falar sobre o assunto com ele, que se calava e se ralava de dor. Alejandro aguardava sua resposta.

– Então está bem. Você quer saber o que se passa comigo? Posso ser franca? Você será sincero comigo? – decidiu-se.

– Quero saber tudo. Não estou entendendo você. Parece que me culpa pela morte do nosso filho.

Carina olhou-o e não mais se conteve. Abraçou-o, chorando:

– Quero que você me conte tudo o que aconteceu entre você e a Tônia. Sempre achei que não existisse nada de sua parte; que só ela estava apaixonada por você e não você por ela...

– Mas, meu Deus! Do que você está falando, mulher? Ficou maluca ou o quê? De onde tirou essas conclusões absurdas?

– Não são conclusões absurdas...

– Ah, não? Então devo interná-la num sanatório para doentes mentais. O aborto deve ter mexido com seu cérebro. Você...

Alejandro parou de falar. Estava tão surpreso que tremia.

– Eu não estou louca. Estou raciocinando

com clareza. E tenho uma razão muito forte para desconfiar de você.

– Qual? Qual razão, criatura desmiolada?

– Por que Tônia haveria de colocar o bebê na nossa porta? Que temos nós a ver com isso? Não está claro o que ela quis dizer? Não foi o mesmo que dissesse: "Toma que o filho é teu?" E no dia do nosso casamento? Ela passava a cada meia hora em frente de minha casa! Lembra?

Alejandro começava a entender melhor as suspeitas de Carina. Colocou-se no lugar dela. Antes de responder àquela sabatina, sorriu e abraçou-a. Ela o empurrou com delicadeza. "Pode começar. Estou ouvindo".

– Pois não, sargento Carina! Preste atenção. Vou-lhe contar tudo.

– Pois comece. É o que mais quero – mas o seu coração tremeu no peito. Que revelações escutaria? Não seria melhor ficar na dúvida como até ali? Suportaria viver ao lado do marido se tivesse certeza de que ele a traiu descaradamente?

Alejandro mostrava um olhar sereno. Estava condoído da mulher ciumenta. Tivera sim, ora se os tivera, pensamentos lascivos em relação à italianinha de olhos azuis. Naquela noite em que ambos estiveram juntos, ele precisou apelar a todos os anjos de guarda que o livrassem da tentação. Não só porque amasse Carina, mas porque sabia muito bem quais as consequências negativas que atrairia para si. E ele precisava se reequilibrar com a Lei; não aumentar ainda mais os seus débitos, cujos juros, no decorrer do tempo, seriam desastrosos.

Há um conceito errôneo por parte de alguns espíritas. Confundem com carma negativo do passado as consequências de erros atuais. Condutas equivocadas do aqui e agora são atribuídas a "Contas a Pagar" na contabilidade da vida. E quantas vezes ainda nem começamos a quitar nossas prestações!

Seres humanos, gostamos de nos iludir.

Alejandro, se não era, ainda, Espírito luminoso, estava a caminho de sê-lo. Sabia-se um ser com alta conta negativa a ser resgatada e não admitia que as ilusões da vida empanassem seus objetivos. Carina também, exceção feita a alguns defeitos oriundos da educação que tivera, era uma alma a caminho da luz. O amor de Alejandro a ajudava em sua ascensão.

Alejandro contou-lhe tudo. Não omitiu nada. Nem mesmo que chegou a ficar tentado. Era homem – justificou-se.

Carina tinha os olhos afogados em lágrimas.

– Está satisfeita, agora? Acredita em mim?

Antes que ela respondesse, uma sombra assoprou-lhe ao ouvido: "Não caia nessa desculpa de última hora. O que esperava que ele dissesse? Que abusou de Tônia? Que aquele filho era dele? Ora, tenha paciência..."

Esmeralda, o seu anjo da guarda, não conseguiu evitar aquela intromissão. Carina se ligara, ultimamente, àquele obsessor. Era a sua vontade e ela não deveria se intrometer no seu livre-arbítrio. Somos donos de nossa vontade, fazemos o que queremos, para depois não inculpar ninguém.

– Estou confusa. Preciso pensar... Acho tudo isso muito estranho.

– Bem, agora é com você. Mas é bom que saiba que estou muito decepcionado. Não parece mais aquela mulher determinada, inteligente, de fibra que eu conheci. E, para seu conhecimento, saiba que esse tipo de comportamento não me agrada nem um pouco.

– Está ofendido? Então a carapuça...

Antes que ela terminasse, ele interrompeu:

– Ofendido? Não. E também a carapuça não

me serviu. Estou é muito penalizado. Espantado em ver como seu lado criança a domina com a maior facilidade. Francamente! Esperava mais de você!

Agora as lágrimas despencaram. Tais palavras feriram-na como espinho, mas a acordaram:

– Alejandro, me ajude. Sei que está tudo errado, mas não posso evitar...

– Pode. Claro que pode. Você anda muito dengosa pro meu gosto. Acha-se uma coitadinha. Sofre, mas gosta de sofrer. Está cultuando o sofrimento. Isso é ridículo, Carina!

Esmeralda se aproximou. Desta vez, Carina estava receptiva a ela.

"Fazer-se de vítima não vai ajudá-la em nada. Alejandro tem razão. Você está erigindo um altar à dor e se coloca em cima, como uma infeliz santa sofredora."

Ela entendeu o recado. Mudou de postura. Empertigou-se. Sorriu e abraçou o marido:

– Sou uma tola. Estou arrependida. Você me perdoa?

Como resposta, Alejandro abraçou-a.

– Sei que você ainda se ressente pela morte

do nosso filho, mas não se preocupe, outro logo estará a caminho.

– Como você pode afirmar? Sempre ouvi dizer que depois de um aborto custa-se a engravidar de novo.

– Isso é conversa de comadres. Creia em mim. Logo, logo essa barriguinha vai virar um barrigão.

Risos.

18 | *Obsessores afastados*

Depois de duas semanas, Tônia recebeu alta. O filho ainda ficou no hospital. Estava fora de perigo, mas ficaria internado até adquirir mais peso.

Fisicamente, ela estava boa, mas mentalmente não. Seus obsessores lhe dominavam a mente de tal forma que, às vezes, ela se negava a amamentar o bebê e ficava furiosa. Lembrava-se de que o havia entregado "ao pai". Na sua loucura, acabara acreditando na própria mentira.

Tanto seu pai quanto sua mãe estavam sempre atentos a fim de que nada faltasse a Victório. Registraram-no só com o sobrenome da mãe. Seria melhor assim, pois, se o registrassem como filho, mais tarde, poderiam ter problemas.

– Olha aqui, minha filha... Se você não gosta do *bambino*, o que é uma aberração, nós o amamos de todo coração. Nós cuidaremos dele, *an*? Não se incomode. Trate de pôr sua vida nos trilhos para não nos envergonhar mais. Já fez besteira bastante para uma vida toda.

Tônia acenou a bandeira branca por algum tempo. O filho recebeu alta hospitalar depois de quinze dias. Roberta havia colocado seu berço no próprio quarto. Não confiava em Tônia. Temia que ela fizesse algum mal ao pequeno. *Qui sarà migliore.* (Aqui ele estará melhor) – afirmou.

A primeira coisa que Tônia fez ao chegar em casa foi perguntar por Carina e Alejandro.

– Mama, como eles reagiram ao encontrar o Victório quase morto na porta deles?

– Agiram como criaturas decentes que são. Souberam amar mais do... – Não terminou de falar. Não queria perturbar mais a filha. De nada adiantaria, naquele momento, dar-lhe lição de moral.

– O que foi mama? O que ia dizer, *an*?

– Nada importante. Eles levaram o *bambino*

ao hospital. Por graça de *Dio*! Você já estava internada lá e foi fácil deduzir o que aconteceu.

– Mas Carina não desconfiou de nada? Não brigou com Alejandro?

Roberta olhou a filha com desalento. Suspirou. Não! Aquela não era a sua *bambina*, linda como um anjo barroco! *"Santo Dio! Que faço, eu? A quem me saiu essa, an?"*

Maximiliano, o anjo da guarda incansável, envolveu-a: "Roberta, leve-a à igrejinha do João de Camargo. Ele é um bom médium e saberá o que fazer."

Ela se lembrou de que a amiga Lala lhe dera esse mesmo conselho há algum tempo. Mas Roberta não acreditava em médiuns e nem em Espíritos. Atribuiu tal pensamento ao demônio e persignou-se. O guia afastou-se, decepcionado. Tentou ainda o pai. Encontrou-o junto ao berço de Victório, falando em italiano com o menino. Felice sequer registrou sua presença.

Passados três meses, a doença se manifestou no corpo de Tônia. Ela emagrecia a olhos vistos. Perdera o apetite. Foi aconselhada pelo médico a parar de amamentar. Victório estava robusto e poderia passar a alimentar-se com leite de cabra diluído.

– Graças a Deus, esse faminto não vai mais me sugar. Já nasceu com fome. Parece que vive só pra mamar...

– Bata na boca, Tônia. Você não sabe o que diz. Que *Dio mio* a perdoe, *an*?

Médicos foram consultados, pois Tônia estava definhando. Seus pulmões apresentavam manchas. Tossia sem parar e estava cada vez mais cadavérica. Tuberculose! A terrível doença fora diagnosticada.

E aquele anjo barroco se transformava em um quase espectro. Já não se levantava da cama, e era com dificuldade que se alimentava.

– Mama, vou morrer! Que Deus me perdoe... – mas mal acabava de se arrepender, dizia, confusa: "Mas não sou culpada de nada. Carina sim. Ela e Alejandro são os culpados. Enlouqueceram-me hoje como já me haviam enlouquecido ontem...

Roberta não entendia por que a filha dizia tais coisas:

– Mas o que está dizendo, Tônia? Eles nunca prejudicaram você! Nem ontem, nem hoje. Reaja, *bambina mia*! Não se entregue assim, *an*?

Já não tinha mais lágrimas para chorar, a pobre mãe. O pai também se esforçava para parecer forte, mas às escondidas, chorava.

Um dia, Tônia pediu para ver Alejandro. Estava morrendo e queria vê-lo uma vez mais.

Carina não permitiu que ele fosse só. Tinha certeza de que se tratava de mais um truque de Tônia para roubar seu amado. Juntos, entraram no quarto da doente. Espantaram-se com a aparência da jovem. *"Santo Cristo! Esta não é a Tônia!"* – pensou Carina.

O quarto da doente parecia um ninho de assombrações. Espíritos escuros voejavam em torno dela, tentando absorver seus fluidos. Alejandro percebeu num átimo a situação vigente. Condoeu-se dela e mentalmente pediu a Deus que a aliviasse de tais companhias.

Tônia, num primeiro momento, viu apenas Alejandro e murmurou quase para si mesma: Christhofer!

A mente se lhe embaralhava, confundindo passado e presente. Carina estava assustada. Arrependeu-se de ter julgado mal aquela infeliz. Ao vê-la, Tônia contorceu os lábios num esgar de ódio:

– Irmã Maria! Quem a convidou? Veio tripudiar sobre minha dor? E você, Christhofer, como pode estar aqui se já morreu? Suicidou-se, *an?* – mas em seguida desandou a chorar.

– Minha filha... Minha *bambina*... Que *fero* destino, *Dio mio*!

As visitas não estavam à vontade. Carina, percebendo que sua presença incomodava a doente, saiu discretamente do quarto.

Alejandro pegou a mão que Tônia lhe estendia.

– Ela está com febre, dona Berta. Já lhe deu algum remédio?

– Já. Esta febre é intermitente. Pobre Tônia. Alejandro, desculpe minha Tônia. Acho que eu também sou culpada por tudo o que está acontecendo.

– Não diga isso, dona Berta. A senhora sempre foi uma boa mãe.

– Tentei ser. Mas confundi as coisas, filho. Fui muito permissiva. Tônia quase nunca ouviu um **não** de minha boca. Mimei-a demais. Via nela uma bonequinha caprichosa. E deu nisso!

Soubessem os pais a responsabilidade na educação dos filhos e não errariam tanto. Todo filho, antes de ser nosso, é de Deus, e espera que o eduquemos para a vida; que o ajudemos a evoluir. Não se criam filhos como se fossem bibelôs, ou presentes do Criador para nosso deleite, nosso orgulho de raça, de status social e outras tantas ilusões.

– Christhofer... A Maria se foi...

– Tônia, sou Alejandro, não Christhofer. Você está confusa, minha amiga. Não quer dormir um pouco?

– Terei tempo para dormir, depois. Muito tempo...

– O que você quer de mim?

Tônia pôs-se a rir como uma demente. Alternava momentos de loucura e lucidez. Roberta acariciava seus cabelos molhados pela transpiração. De repente, Tônia sentou-se na cama. Tinha o olhar perdido e, com voz cava, perguntou pelo filho.

– Traga nosso *bambino*, Alejandro.

Alejandro ia contestar, mas a um sinal de Roberta, calou-se.

– Mama, onde está minha máscara? Não quero passar a maldita doença ao *bambino*.

Roberta deu-lhe a máscara e foi buscar a criança. Victório já completara três meses. Estava forte e crescido. Foi colocado no colo de Tônia, mas a avó ficou atenta para o caso de ela soltá-lo devido à fraqueza. Aquele bebê era toda a sua esperança.

– Veja, Alejandro, o nosso *bambino*! Não é lindo, *an?*

Carina ouviu. Espiou porta adentro. Sentiu-se mal ao ouvir Tônia falar daquele modo. Mas agora que vira o quanto ela estava doente, teve apenas compaixão. Roberta já lhe havia dito que a filha estava confusa e que o garoto era filho de Dário; que era a cara dele, o que ela pôde confirmar.

– Perdoe minha Tônia, Carina. Infelizmente, nada há que se possa fazer.

– Não se preocupe, dona Roberta. Eu compreendo. Se há alguma coisa que eu possa fazer, por favor, disponha.

– Obrigada, filha. *Dio* há de recompensá-la.

Tônia estava feliz. Deu o bebê para Alejandro segurar. Depois se deitou. Virou-se para a parede e dormiu.

– Dona Roberta, leve o menino de volta. Parabéns. Ele é um garoto bonito. Parece-se com a mãe.

– Tem só os olhos dela. O resto é tudo do pai, aquele covarde *maledeto!*

Alejandro foi ao encontro de Carina. Depois, disse para Roberta que precisavam conversar sobre Tônia.

– Pois diga, Alejandro. O que você tem a dizer? Acha que minha pobre Tônia ainda tem possibilidade de se curar?

– Primeiramente, ela tem de ser hospitalizada.

– Mas ela está se tratando aqui em casa. O médico vem vê-la toda semana. Ela toma os remédios direitinho.

– Não é a mesma coisa. Tuberculose é coisa séria. Remova-a para um hospital especializado em São Paulo, senão ela vai mesmo morrer. Também há necessidade de tratamento espiritual; de curar o Espírito. A matriz da doença está no corpo perispiritual. Deste é que passou para o corpo físico. Então, temos de atacar também a causa, do contrário seria só combater os efeitos.

Roberta ficou espantada. Jamais poderia imaginar que Alejandro entendesse tanto assim das questões do Espírito.

– Mas Alê... Dona Roberta é católica... Não creio que...

– Não tem nada a ver a religião dela. Quando os Espíritos curam, eles não estão nem um pouco interessados na religião de cada um. Já superaram essa fase atrasada que atravessamos... Desculpe-me, dona Roberta, não quis chamar a senhora de atrasada, é que as pessoas confundem tudo.

Roberta queria protestar, mas Maximiliano a envolveu. Ela sentiu a branda aragem de sua presença espiritual e, como sempre fora boa, sempre amara a família, pensou que estava sendo intransigente quando a vida da filha estava em jogo.

– Então... Que faço? Não estarei pecando contra minha religião? Os padres dizem...

– Bem sei o que eles dizem. Mas estão equivocados e, um dia, darão a mão à palmatória. Não agem assim por mal, mas acreditam que estão fazendo o bem. Tachar os bons Espíritos de trabalhadores de Satanás, é o mesmo que admitir que Satanás trabalha em favor de Deus.

– E você, Carina. O que me diz?

– Eu creio nos Espíritos, dona Roberta. Creio também que já vivemos outras existências – e contou seus sonhos e os de Alejandro, que sugeriam fatos acontecidos em existência passada.

Roberta também falou sobre os sintomas estranhos de Tônia, mediunidade que ela sempre bloqueou, nunca deixando que a filha frequentasse alguma reunião espírita. Lembrou o fato de Tônia chamar, às vezes, Alejandro de Christhofer e Carina de irmã Maria.

– Por que a senhora não a leva à igrejinha do João de Camargo? Ouvi dizer que ele tem feito muitas curas – sugeriu Alejandro.

– Igrejinha? Igreja... católica?

– Isso pouco importa. Parece-me que é uma igreja ecumênica. De toda religião, entende? Ele talvez seja católico, mas tem mediunidade. E o que é importante: tem amor no coração. É um verdadeiro apóstolo do Cristo Jesus.

– Mas... Eu não entendo. Não são somente os espíritas que têm mediunidade?

– Não. A mediunidade independe da religião de cada um. Pode acontecer – e acontece – de pessoas serem médiuns embora nem religião tenham. Deus está muito distante dessas formalidades tolas, dessas divisões descabidas. Somos todos seus filhos, cada um numa determinada escala evolutiva.

Roberta e Carina estavam de boca aberta ouvindo a exposição de Alejandro.

– Onde você aprendeu tudo isso, Alejandro? *Santo Dio*! Jamais que eu podia imaginar, *an?*

– Em São Paulo, participei durante muito tempo de um grupo de estudantes do Espiritismo. Aprendi muito lá. Aqui em Sorocaba não sei se existe alguma casa de confiança. Vou pesquisar.

– Esse médium... Esse tal João de Camargo... Você não é o primeiro a me dizer isso. Minha amiga Lala também já me falou dele. Acha, então, que devo levar minha *bambina* lá?

– Já devia ter levado há muito tempo. A doença dela não teria progredido tanto. Se a senhora quiser, eu e Carina iremos juntos.

– Mas ela poderá sair da cama?

– Nós a levaremos de ambulância. Conheço o diretor do hospital daqui. Ele não se negará, tenho certeza.

Foi tudo acertado para a semana seguinte. Tônia ficou indiferente, mas no dia da viagem estava estranhamente lúcida. Ficou constrangida com a presença de Alejandro e Carina. Maximiliano a havia preparado, a fim de que ela aproveitasse bem o tratamento que em breve receberia.

– Está se sentindo bem, Tônia? – perguntou Alejandro.

Ela apenas fez um aceno afirmativo.

O médium atendia muita gente, mas deu prioridade a ela. Ele já sabia de sua história e recebeu-a com o carinho de um pai.

Tônia chorava enquanto o médium lhe aplicava passes. Depois a orientou. Afirmou que pelo adiantado da doença ela deveria internar-se e ficar sob os cuidados de um bom médico. O tratamento espiritual seguiria mesmo sem sua presença. Afirmou que os obsessores seriam afastados, mas competia a ela não chamá-los novamente por intermédio de maus pensamentos e ações.

Na semana seguinte, já estava internada no Sanatório Divina Providência – S 2, e ao cabo de cinco meses recebia alta hospitalar. O tratamento espiritual fora imprescindível para o restabelecimento de sua saúde espiritual e consequentemente da material. Eliminada a causa, cessou o efeito. Tudo maravilhosamente harmônico e justo na lei divina.

Ao sair do hospital, Tônia estava mais branca, mas sua aparência havia melhorado muito. Os olhos azuis adquiriram novamente o brilho inteligente, e ela havia, finalmente, amadurecido. Já não era uma criança mimada, mas uma mulher em busca de suas realizações. Naqueles meses, aprendera a valorizar a família e a amar seu pequeno Victório. Seria boa mãe e procuraria compensar os pais pelo muito desgosto que havia lhes dado. Ao pensar em Carina e Alejandro, já não tinha ódio no coração. Admirava-se, ela mesma, de todas as loucuras que havia feito em razão do amor não correspondido.

O médium João de Camargo estava sempre em suas preces, e sua advertência para que não chamasse novos obsessores não caiu no esquecimento. Todas as vezes que sentia a influenciação de algum Espírito ignorante, refugiava-se na prece, e assim quebrava imediatamente a sintonia. Não há mistério para o bem viver. Jesus é o caminho.

19 | *Uma alegria e uma tristeza*

Alejandro e Carina não cabiam em si de felicidade. A premonição dele, de que em breve ela conceberia novamente, realizou-se. Em seu ventre já crescia um novo filho.

– Desta vez terei meu filho. Pressinto isso – afirmou Carina.

– Ele virá em paz e com muita saúde. É um Espírito diferenciado e nos trará muitas alegrias.

Sem querer, os pensamentos de Carina foram até Tônia. Ela já não sentia nenhum ciúme. Tinha plena certeza do amor de Alejandro.

– Alê, que bom que a Tônia se curou, não?

Ontem eu a vi com seu pequeno Victório. O menino está lindo! Cada vez mais parecido com Dário.

– Graças a Deus. Parece que tudo entrou nos eixos.

– Puxa, mas nós damos um trabalhão para nossos anjos da guarda, não? – riu.

– É. Eles precisam fazer plantão vinte e quatro horas!

– A Tônia me contou que estão de mudança para São Paulo. Seu Felice, finalmente, conseguiu a transferência requisitada há meses. Tônia está confiante. Acha que lá terá oportunidade de refazer sua vida. Eu a estimulei bastante. Ela é linda. Está muito modificada.

– Para o bem dela, diga-se.

– Dona Roberta me disse que ganhou a coleção inteira dos livros de Kardec; os da codificação do Espiritismo. Contou que Tônia os tem lido com entusiasmo.

– Bem... Vamos parar de falar da Tônia. Vamos falar de nós.

Evarista chegou. Estava eufórica com a possibilidade de ser avó. Rosalina havia-se casado com Célio no mês anterior e, parece, a cegonha não perdeu tempo.

– Serei avó duas vezes! Tomara que vocês me deem netos bonitos.

– Se não forem bonitos nós os devolveremos tá, mãe? – brincou Carina.

– Nada disso. Quero-os mesmo que feinhos...

Alejandro se afastou para que mãe e filha pudessem papaguear à vontade. Dirigiu-se a um espelho. Aquelas manchas avermelhadas não estavam ali há alguns meses. Também a insensibilidade em uma das mãos... De repente, um tremor no corpo todo. *"Ah... isso não é nada. Não vou ficar alimentando pensamentos depressivos. Vou ser pai, isso é maravilhoso."*

Pela terceira vez, Carina o viu se olhando no espelho e massageando a mão esquerda.

– O que foi, Alê? O que tanto olha nesse espelho? Tá se achando bonito? Ora, eu lhe digo: Você é o homem mais bonito de Sorocaba.

Alejandro não riu, como Carina esperava. Olhou-a sério, mas nada disse.

O tempo foi passando muito rápido para Alejandro e Carina, que ainda não havia preparado todo o enxoval do filho.

– Carina, vê se não anda tanto por aí. Com esse barrigão você pode escorregar e cair.

– Você não entende nada de parto, né? Sabe que quanto mais exercícios eu fizer, mais vai ajudar na hora "h"?

– Não exagere. Você carrega uma vida preciosa em seu ventre.

Carina abraçou-o. Em pensamentos, agradeceu a Deus por aquele marido.

Naquela semana o filho nasceu. Parto normal. Um bonito menino. Deram-lhe o nome de Javier. Também tinha os olhos do pai, de um verde azulado, que às vezes pareciam verdes, às vezes, azuis. Carina guardou o leito por quarenta dias, como era o costume vigente. Só se alimentava de canja de galinha, muita água para não faltar o leite, de chocolate em barra que as vizinhas lhe traziam (naquela época não era o bebê quem recebia os presentes, e sim, a mãe). Justo, acho.

Tudo corria bem até que o armistício dado pela vida chegou ao fim. Sempre chega o dia das provas. Para isso é que renascemos. Evoluir é preciso. Caminhar para o alto é lei natural. Agradeçamos a oportunidade do recomeço.

– Alejandro... noto que você está preocupado. Vive se olhando nesse bendito espelho... O que há?

– Nada. Não se preocupe.

Os meses correram. Javier já completara seu primeiro ano de vida. Era uma criança bonita, amorosa e inteligente.

Alejandro deixou de se olhar tanto no espelho, mas via-se que alguma coisa o preocupava. Pensava em ir ao médico, mas ia protelando a consulta. Mais dois anos se escoaram pela ampulheta do tempo. Alejandro voltou ao hábito de olhar-se, como se procurasse alguma coisa pelo corpo.

– O que foi? Você parece doente, Alê... E essas manchas avermelhadas? Será que é alergia por alguma coisa?

– Não sei, Carina. Eu não estou bem.

– Não está bem, como?

– Sinto os olhos como se tivessem poeira... Às vezes, sinto formigamento nas pernas, principalmente nos pés. E também surgiram essas manchas avermelhadas pelo meu corpo.

Alejandro tirou a roupa e ela viu “as flores púrpuras” espalhadas pelo corpo do marido. A boca secou-se-lhe na hora e o coração bateu descompassado.

– Agora que preciso trabalhar mais para dar conforto a você e ao pequeno, sinto-me enfraquecido. Doente. Aqueles sonhos voltaram com mais insistência.

Carina lembrou que também ela tivera sonhos insólitos, algumas vezes. Quase sempre o mesmo sonho, onde ela estendia sua mão para alcançar a de Alejandro. E havia aquela cerca entre os dois. E as mãos não se tocavam. E ela ansiava pelo toque... E as lágrimas que a inundavam. O desespero... O cheiro da morte...

– Alejandro, acho que devemos ir a um médico.

– Também acho. Vou marcar uma consulta ainda hoje.

A preocupação estragou o dia do casal. Até o filho, que quase nunca chorava, chorou naquele dia.

O diagnóstico:

Lepra!

A surpresa:

Dolorosa.

Carina deu um grito e se apoiou no marido. Estava branca como cera. Alejandro nem teve tempo de se preocupar consigo próprio. Amparou a esposa. O médico chamou uma enfermeira e pediu que trouxesse um copo de água com açúcar para

Carina. Mas o mundo veio abaixo para ela e o marido. Então, era aquilo. Os tais sonhos de advertência... As lembranças sobre o programa de vida de ambos... A necessidade de correção... *"Deus meu! Por que justamente com Alejandro? Ele é bom... Isso é injusto! Injusto! Injusto! Não sei se acredito em Deus! Agora que estava tudo bem. Nosso menino... o que será dele? Como irei criá-lo sozinha?"*– eram os gritos da alma de Carina.

Então ela lembrou sua infância.

* * *

Uma casa, pouco mais que uma tapera. Ela, nove anos. Os pais haviam chegado há pouco tempo ao Brasil, com uma penca de filhos. Dois deles eram surdos-mudos e davam muito trabalho a todos. Era mais uma das muitas famílias que vieram com a imigração espanhola, buscando novas oportunidades. Logo em seguida dera-se o seu nascimento. Evarista gostava de lhe contar:

– Seu pai disse que você seria a única brasileirinha da família. De forma, Carina, que você é nossa raspinha de tacho.

Todos trabalhavam na lavoura de café. Em um regime de escravidão disfarçada. O patrão recolhia as famílias, dava-lhes uma casinha modesta e uma conta no armazém. No fim das colheitas, faziam as contas. Sempre o débito era maior que o crédito, de forma que nunca tinham dinheiro para sair e ir para outro lugar, se fosse esse o desejo. Havia hora para se deitar. Ainda que quisessem ficar um pouco mais, não podiam. O sino tocava e todos tinham de se recolher. O fiscal da fazenda passava e, se encontrasse luz acesa, perguntava o que estava acontecendo. Tinham muitas obrigações, mas direitos... quase nenhum. Mas na simplicidade deles, os patrões eram ótimos, pois lhes davam (davam?!) casa e comida. Nada reclamavam. Exceção feita a um casal de negros. Cansaram de trabalhar como escravos e no fim do ano ainda ficar devendo aos patrões. Resolveram fugir, pois sair "numa boa", despedindo-se de todos, não poderiam, sem antes acertar o débito. Mas como fazê-lo, se nunca sobrava dinheiro para nada?"

– Mulher, arrume tudo. Entrouxe tudo o que puder e vamos fugir.

No dia seguinte o fiscal estranhou a ausência do casal, que havia fugido durante a noite.

– Óia... Num é qui o Tião mais a muié, fugiro? Que doidos... onde vão arrumá sirviço, agora?" – disse um trabalhador de pele curtida pelo sol, enquanto picava fumo para o cachimbo.

Os pensamentos de Carina voavam enquanto as lágrimas desciam: Lepra! Alejandro estava com lepra!

E ela sempre tivera muito medo dos leprosos.

– Carina, aqueles homens doentes estão chegando – dizia-lhe a mãe quando eles apareciam na fazenda para pedir esmolas.

Vinham a cavalo. Todos enrolados em panos. Alguns sem o nariz, outros de mãos retorcidas, outros de pés pela metade, de braços sem mãos, enrolados em fétidos panos. Eram os leprosos. Os marginalizados indesejados. Os renegados. Os impuros. E todos se escondiam de medo. A doença não tinha cura e era terrivelmente deformante. Uma vez detectada, o infeliz tinha de se isolar, de abandonar a família, de viver como um assassino perigoso. Num passado ainda mais remoto fora pior: Iam, esses proscritos, morar em grutas; eram obrigados a avisar quando se aproximavam e todos fugiam. Não havia hospitais.

Carina continuava a se lembrar. Não tinha tanto medo dos leprosos? E se casara com um?! Que seria dela? E do filho de apenas três anos? Seria o hospital Dr. Francisco Ribeiro Arantes, mais conhecido por Pirapitingui (hospital dos hansenianos localizado entre Itu e Sorocaba) a última morada do seu querido Alejandro?

Se Pira (Pirapitingui) não era bom, ficar na rua, longe da família, era ainda pior. Ali, pelo menos, sabia-se onde o doente estava e podia-se visitá-lo.

Por essa época, os doentes eram "caçados" e colocados, sem nenhum critério, em Pirapitingui ou no Complexo Hospitalar Padre Bento, em Guarulhos. À época, não havia funcionários, nem enfermeiros, ou melhor, os funcionários e enfermeiros eram os próprios internos, também doentes. Havia médicos, que não podiam fazer grande coisa. Não tinham, ainda, descoberto a cura para a doença. Os doentes eram discriminados dentro da própria família e encaminhados para o citado Hospital, onde ficavam isolados do mundo, vendo seus corpos se deformarem e apodrecerem em vida.

A avalanche de recordações de Carina prosseguia:

– Mãe, tenho medo deles.

– Então fique dentro de casa. Eu levo alguma coisa pra eles. Coitados. Que sina, meu Deus!

***

– Dona Carina? A senhora está melhor? – perguntou o médico. – Seu marido terá de se internar imediatamente. A senhora e o menino também terão de fazer alguns exames. Sabe como é... O risco de contágio deve ser levado em conta.

Como ela poderia estar se sentindo melhor? Há coisas que melhor ficariam se não fossem ditas.

Carina sentiu que foi ao inferno e voltou. Do seu lado, Alejandro. Triste, mas sereno. Com voz trêmula, exortou-a a que tivesse mais fé.

– Carina, nada nos acontece que não seja merecido. Inconscientemente, eu já sabia que teríamos de passar por essa provação juntos.

Carina não respondeu. Estava revoltada demais com Deus.

Acertaram a internação de Alejandro para o dia seguinte. Suplicaram uma semana mais. Não– dissera o médico. Caso ele não viesse se internar, teria de mandar buscá-lo à força; como a um assassino.

– Não será preciso, doutor. Virei espontaneamente, pois não quero contaminar minha família.

20 | *Difícil provação*

Carina gostaria que aquele dia jamais houvesse amanhecido. Já havia chorado todas as suas lágrimas e o corpo tremia, atento, para reter a alma que desejava evolar-se. Sumir. Diluir-se.

A família foi avisada. Eram todos muito unidos, e o choque foi dolorido. Os amigos de Alejandro – e ele os tinha muitos – vieram prestar-lhe solidariedade. Que ele não se preocupasse com Carina e o filho, eles providenciariam para que nada lhes faltasse enquanto ele estivesse no hospital.

Carina foi dormir exausta. Havia recebido do plano espiritual um tratamento especial para relaxar, pois naquela noite uma janela para a vida pregressa ser-lhe-ia aberta. Ela mesma havia solicitado, antes de reencarnar, esta ajuda, pois sabia que sua luta, dali para a frente, seria hercúlea.

Alejandro não conseguia dormir. Retirou o filho do berço. O menino estava dormindo, indiferente à grande dor que tomava conta de seus pais.

"Meu filho... Quando voltarei a segurá-lo no colo novamente? Meu Pai, dê-me a força necessária para eu não sucumbir diante dessa provação. Não estou me queixando dela, Pai. Sinto que a mereço, que suas leis são justas, que nada nos acontece por acaso... Não sou inocente, bem sei, mas tenha piedade. Que eu possa retornar curado para minha família."

As lágrimas rolaram soltas. Mas não havia nenhuma revolta. Suas lágrimas eram a chuva branda a revigorar a alma.

Um galo cantou distante. A Lua rondava a Terra enquanto o Sol se ausentara para o outro lado do mundo.

O corpo adormecido de Carina jazia sobre a cama. Tranquilo. Relaxado. Seu cabelo havia crescido bastante, mas ela ainda se parecia a um moleque.

Havia feito suas orações antes de se deitar.

Mas reconhecia-se de uma fé vacilante, naquele momento. Desprendida do casulo material, volvia o olhar para a imagem de Jesus, dependurada ao lado de sua cama. Mais livre da prisão, o Espírito tornava-se mais consciente do que a vida lhe reservava.

Esmeralda, seu anjo guardião, a esperava. Ela assustou-se ao vê-la, pois cria estar sozinha no quarto. Foi apenas um momento. Reconheceu-a:

– Minha irmã e amiga! Que bom ver você! Sei por que está aqui. Preciso saber algumas coisas, não é? Não vou choramingar minha desdita.

Abraçaram-se.

– Carina, você está pronta para cumprir o que prometeu quando ainda na espiritualidade?

Carina fez um esforço mental e sacudiu negativamente a cabeça:

– Eu não me lembro. O que prometi? Meu Deus! Não me lembro de nada! Você está sabendo da doença de Alejandro?

Alejandro, que ainda tinha o filho nos braços e chorava, sentiu a presença espiritual de Esmeralda e de Carina. Ao seu lado, somente o corpo físico da mulher dormia. Tinha agora uma expressão serena, quase de alegria.

Esmeralda pegou-a pelo braço e volitaram em corpo perispiritual para fora do quarto. Um acolchoado de estrelas as cobriu. Sentaram-se num banco de jardim atapetado de relva num lugar desconhecido de Carina.

– Como nunca descobri esse lugar, Esmeralda? Onde estamos? Em outro planeta? O que se respira aqui? Sinto o ar entrar em meus pulmões como carícias.

– Você está muito sensível, Carina. Estamos aqui na Terra, mesmo. Alguns quilômetros longe de sua casa. Mas eu havia lhe feito uma pergunta: Está pronta para cumprir o que planejou antes ainda de renascer? Com respeito a Alejandro.

Esmeralda aplicou-lhe recursos magnéticos, único meio que sabia ser eficiente para as lembranças aflorarem ao consciente.

– Carina, vou-lhe contar um pouco de sua vida; falar de uma existência anterior a esta. Você me pediu que fizesse isso, pois não sabia como estaria no dia de hoje, dia em que saberia da doença de Alejandro. Combinamos que, caso você não se sentisse confiante, jogaríamos para mais adiante sua quitação no banco da vida. Sabemos que a justiça é inexorável, que não conhece privilégios, mas Deus-criador não nos apressa. Dá-nos o tempo necessário até nos fortalecermos. E age sempre com amor. Alejandro está preparado. Preparado para vencer. É claro que, se você desertar, ele sofrerá além da conta; além do que precisa. Mas sairá vitorioso, de uma forma ou de outra.

Carina mostrava-se preocupada. Começava a se lembrar, a se inteirar de sua responsabilidade. Ela e Alejandro estiveram em erro no passado, agora lhes cabia a retificação.

– Esmeralda, começo a perceber que nem tudo serão rosas no meu casamento. Eu e Alejandro cometemos um deslize muito sério, porém não consigo me lembrar de quase nada. Mas é claro que não vou abandoná-lo em sua dor, que sei, não será maior do que a minha.

– Por isso é que estou aqui. Até hoje você tem sido uma boa mulher. Tirante sua antiga má vontade para com Tônia, nada tenho para censurá-la.

– Tônia? Ora, ela vivia aprontando comigo! Sempre quis o meu Alê para ela. Você deve saber. Mas já passou, você sabe.

– Sei de tudo. Tônia era muito imatura. Começou muito mal sua vida e atraiu grande perturbação. Andou às voltas com obsessores, a pobrezinha. Mas não foi esquecida pela providência divina.

Carina sentiu compaixão, quase amor, pela antiga rival. Quando o corpo relaxa por efeito do sono, o Espírito fica mais livre e tem dilatados os seus sentidos; consegue enxergar melhor as infantilidades vividas.

Esmeralda começou a narrar a existência passada de sua tutelada. Conheceu integralmente aquela existência, pois estava reencarnada. Era amiga e confidente de Carina, naquela ocasião.

– Então? Está pronta para ouvir?

– Sim. Conte-me tudo, por favor.

– Antes, vamos fazer uma prece.

Naturalmente, sem nenhum gesto estudado ou afetação, Esmeralda concentrou-se:

> "Pai... Pai querido... Sabemos que ainda não somos merecedoras da felicidade sem jaça; da alegria de desfrutar a paz reservada àqueles que cumpriram vossas leis. Sabemos que temos montanhas de iniquidades a nos barrar os passos; que temos abusado de vossa tolerância; desvalorizado o vosso amor por nós... porém, Pai, é por saber o quanto sois magnânimo que ousamos a vós recorrer. Ajudai-nos.

Amparai-nos nesses momentos de aflição, de dor, de desenganos, cujas causas sabemos ser de nossa inteira responsabilidade. Pai nosso..."

"Início do século dezoito. Olinda-Pernambuco – Brasil. Sua família era uma das mais importantes e ricas do lugar. Sua mãe, Eva, havia-se casado com um filho de holandês abastado, Dom Miguel Rutger Von Moreau, pois isso se dera após a invasão holandesa no Brasil. Seu avô paterno gostou de Olinda e resolveu fincar raízes por lá. Casou-se. Seu pai foi o único filho que sobrevivera. Quando o pai morreu, tomou posse de uma grande propriedade, que tratou de aumentar ainda mais. Você era a quarta filha. Seu pai, bem como sua mãe, queriam filhos homens para dar prosseguimento não só ao nome de família, como também para ajudá-los nos negócios, que prosperavam do dia para a noite.

Era de madrugada quando as dores do quarto parto de sua mãe chegaram. As contrações aumentavam de intensidade a cada minuto. Seu pai estava nervoso. Eu era bem jovem ainda e trabalhava na casa junto a outros empregados.

– Esmeralda – chamou-me aflito Dom Miguel.

Acordei assustada e corri para atendê-lo.

– Vá depressa à casa de dona Eulália, a parteira.

Traga-a imediatamente, que sua patroa não está bem. Vamos, corra, sua lesma!

Fui e voltei, o mais rápido possível, trazendo dona Eulália. Por ser o quarto parto, deveria correr tudo normal, mas assim não foi. Eu estava junto para ajudar a parteira, caso ela precisasse. Quando as coisas começaram a se complicar, fiquei nervosa. Gostava muito de sua mãe e temia perdê-la.

Dona Eulália estava nervosa:

– Santo Deus! Esse bebê não quer vir ao mundo! Não entendo... ele parece estar na posição errada... Faça força, dona Eva!

Sua mãe já não tinha mais forças. Dona Eulália chamou Dom Miguel e o pôs a par do que ocorria. Imediatamente ele pegou seu trole, chamou um dos empregados e debandaram para Recife em busca de um médico.

Tão rápido foram, tão rápido voltaram. O médico lavou vigorosamente as mãos e foi substituir a parteira. Eu pedia a Deus que você nascesse logo, pois sua vida, bem como a de sua mãe, corriam perigo.

O médico, munido de seus apetrechos, a retirou do maltratado útero. Foi um parto complicado. Fórceps. Sua cabecinha ficou ferida no lugar onde o ferro apertou. Mas o médico nos tranquilizou, dizendo que estava tudo bem com vocês duas. Deu um medicamento a sua mãe e se retirou.

Quando dona Eva viu-lhe o sexo, desesperou-se:

– Ah, meu Deus! Isso não é justo! Mais uma menina! Miguel vai ficar furioso.

– É uma menina linda – eu disse, enquanto dona Eulália limpava seu corpinho branco de sebo e sangue!

Sua mãe não estava feliz. Mal olhava para você. Eu a vesti e a enrolei num cobertor. Você havia parado de chorar e chupava dois dedos com vigor. Estava com fome. Entreguei você a sua mãe, para que ela lhe desse o peito, mas o leite ainda não havia chegado.

Dona Eulália mandou que fizessem um chá de erva-doce sem açúcar. A mamadeira de sua irmãzinha Ayana, com dois anos, foi de grande valia. Você sugou tudo num minuto e dormiu.

– Como ela vai se chamar? – perguntei.

– Ainda não sei. Só escolhemos nome de homem.

No dia seguinte, suas irmãs vieram vê-la. Dona Eva disse que elas poderiam escolher o nome. Então a mais velha, Leocádia, lhe deu o nome de Maria, mas Bianca bateu o pé por Cristina. Então ficou Maria Cristina. Ninguém questionou. Sua mãe gostou do nome. Ayana fez birra. Estava com ciúmes e, quando chegou perto de você, tentou morder seu braço. Talvez tenha sido nesse momento que o amor por você despertou em sua mãe. Ayana foi repreendida. Sua mãe aconchegou você ao peito e fez um carinho em seu rosto miúdo e corado.

Fiquei sensibilizada. Afinal, a mãe a amava, pois eu estava certa de que você não seria amada naquela família.

Dom Miguel ficou desesperado quando você, a quarta menina, nasceu. Nem disfarçou sua decepção. Por infelicidade, sua mãe teve um parto complicado e não poderia mais ter filhos. Ficaram desesperados. Seu pai não quis conhecê-la de imediato, e sua mãe, depois de ter dado mostra de amá-la, mal a olhava. Nem seu pai, nem sua mãe eram religiosos. Para eles, a vida material, o conforto, era tudo. Assim, vibrando sempre desespero e ódio, logo entraram em sintonia com Espíritos trevosos.

Carina ouvia tudo com serenidade. Até ali, nada parecia fazer sentido.

– Você está bem? Podemos continuar?

– Sim. Só que não me lembro de nada disso.

– Claro. Nem poderia. Estava vivendo sua primeira semana de vida. Continuemos: "*Suas irmãs a viam como um brinquedo e seus pais mal a suportavam. Somente eu a amava de todo coração. Eu que a banhava, que cuidava de suas roupas, que a acarinhava; que cantava pra você dormir.*

Carina abraçou Esmeralda: – Minha boa amiga. Minha mãe verdadeira foi você!

– Carina, pareço impiedosa ao lhe contar tudo isso, mas é preciso para que você entenda a atitude de seus pais. Mas peço-lhe que não guarde nenhum rancor. Lembre-se de que não existem inocentes nesses problemas de carma negativo. Só existe a inexorável Lei. A ação e a reação. A herança de nós mesmos. Por desconhecer nosso passado, às vezes nos rebelamos com o presente. Natural.

Ambas choraram, abraçadas. Esmeralda continuou:

– *Em uma noite em que você chorava muito, fui ver o que estava acontecendo e ouvi o que seu pai dizia, pois tanto ele quanto dona Eva não sabiam falar baixo:*

– Já não aguento mais. Você é imprestável, Eva! Só me deu filhas. E precisamos de homens! Que vamos fazer com mais esta?

Sua mãe nada disse. Pegou você no colo e lhe ofereceu o peito, que foi agarrado com vontade.

– Além de tudo é uma comilona! Se eu deixar, me seca! – disse dona Eva, para minha surpresa.

Então, ainda escondida atrás de uma cortina, ouvi a proposta de seu pai e quase gritei de indignação.

– Vamos fazer o seguinte. Dona Rita teve, ontem, um menino. Um garotão, segundo dizem. Não se sabe quem é o pai, então...

– Então... O quê? – perguntou dona Eva, olhando-o, surpresa.

– Poderemos comprar-lhe o filho. Que acha?

Dona Eva ficou muda por alguns instantes. Se houve algum choque, ela superou logo:

– A ideia é boa, mas será que ela aceita?

– A Rita é uma mulher da vida. Acho que se sentirá aliviada em se livrar do filho. Nós o criaremos como nosso. Todos sabem que você pariu por esses dias.

– Mas e esta aqui? Dois bebês dão muito trabalho. Depois... Não sei...

– Tenho uma ideia.

– Não quero que lhe façam nenhum mal. É nossa filha. Tem nosso sangue!

– É claro que não! Por quem me julga?

Dom Miguel fingiu-se de ofendido.

– Vamos dar um jeito que não cause nenhum sofrimento a ela. Quando tivermos o garoto da Rita conosco, nem nos lembraremos mais dessa aí.

– Meu Deus! Que tipo de pais eram os meus? – indignou-se, Carina.

– Bem... Nada acontece por acaso. É sabido que cada qual tem a família da qual precisa. A humanidade atravessa uma fase que só o sofrimento a faz parar e pensar. Mas não soframos por antecipação. São mistérios que um dia serão desvendados. Continuemos:

– *Existia em Olinda um convento chamado Nossa Senhora da Conceição. Construção magnífica, com a imagem de Nossa Senhora da Conceição, com pintura em ouro que causava deslumbramento aos visitantes. Foi destruído pela invasão holandesa, mas depois reconstruído, passando a funcionar como Casa Religiosa para Mulheres Abandonadas.*

Carina não desgrudava os olhos de Esmeralda, que, serena, continuou:

– *Dom Miguel estava completamente envolvido por uma sombra escura. Eu estava paralisada. Meu coração batia, numa revolta só. Que iriam fazer com minha menininha? – pensava com aflição, escondida no meu canto.*

– Sabe... O convento Nossa Senhora da Conceição?– perguntou Dom Miguel.

– *Sei. Mas lá, agora, só tem mulheres abandonadas. Nunca ouvi dizer que pegam também crianças abandonadas, ainda mais um bebê de apenas alguns dias – contestou sua mãe.*

– *Amanhã mando chamar a Rita aqui. Dou-lhe um bom dinheiro e exijo que ela desapareça. De pos-*

se do menino, deixaremos nossa filha na porta da Casa Religiosa. Eles saberão o que fazer. Deixarei uma boa quantia em dinheiro. Uma pequena fortuna. Você escreve uma carta, disfarçando a letra. Dirá, na carta, que você e seu marido tiveram de fugir do Brasil e lhes confiam nossa filha; que tomem bem conta dela, porque um dia retornaremos. É claro que nunca mais havemos de passar nem por perto.

Dona Eva assustou-se. O marido continuou:

– Vai ser melhor assim. Criar um filho sem amor é melhor doá-lo. Sempre encontrará quem o ame... Esta menina me desperta sentimento ruim... Não sei explicar.

Antes que dona Eva dissesse qualquer coisa, ele disse:

– Você não poderá mais ter filho. Então... ou concorda com isso, ou arranjarei outra mulher. O que prefere?

Dona Eva esbugalhou os olhos. Bem sabia que ele era capaz de fazer aquilo e muito mais. Conhecia o gênio estranho do marido. Há muito deixara de amá-lo. Só a dependência financeira a impedia de abandoná-lo. Ele sabia ser um carrasco fazendo cara de anjo.

– Podemos ficar com nossa filha e o menino. Diremos que são gêmeos.

Dom Miguel fez de conta que não escutou. Dona Eva percebeu que o marido queria mesmo era se livrar da pequenina Maria Cristina. Depressa se conformou e pensou:

"Teremos um filho homem. Miguel ficará feliz. O maldito nome da família que ele tanto valoriza terá continuidade. Se ele me garantir que Maria Cristina não sofrerá, vou concordar com o que ele quer."

Fiquei tremendo no meu esconderijo. Não poderia fazer nada. Mas tomei uma resolução. Assim que eles fizessem o planejado, eu me desligaria da casa. Diria que estava com saudade de minha família, de minha terra, e retornaria ao Espírito Santo. Ainda não sabia como eles explicariam a sua ausência. No dia seguinte, soube:

– Esmeralda, arrume a mala da patroa. A nenê está doente e vamos levá-la ao médico em Recife.

Eu sabia que retornariam sem meu bebê querido. Cheguei mesmo a ficar aliviada, pois se você crescesse ali, iria sentir a hostilidade de toda a família e sofreria muito.

De fato, deu-se o que eu previra. E foi com alívio que receberam o meu pedido de demissão, assim não teriam de me explicar o aparecimento daquele menino.

Na semana seguinte, soube por uma amiga que trabalhava lá, que Rita aceitara a oferta com satisfação; que o menino era lindo; que tinha olhos verde-azulados, o que muito alegrou Dom Miguel, que também os possuía ver-

des. Assim, ninguém poderia desconfiar que o filho fosse ilegítimo. Esse menino recebeu o nome de Christhofer. Christhofer Rutger Von Moreau.

Carina sobressaltou-se.

– Christhofer? Esse nome não me é estranho. Meu Pai do céu!

– Sim. Mas cada coisa ao seu tempo. Continuemos:

– Fiquei sabendo que você fora recolhida pela casa, mas que chorava muito, não dando sossego às mulheres ali recolhidas. Foi na época em que perdi minha mãe e fiquei só no mundo. Adoeci de desgosto, e a providência, que se chama Deus, me levou à Casa Religiosa das mulheres abandonadas.

Assim que fiquei boa, pedi que me deixassem tomar conta de você. Acabaram-se os choros. Você foi crescendo até ficar uma mocinha bonita. Então, alguém a tirou novamente de mim. Levaram-na para um convento não muito longe dali. Você se transformou em uma freira. A irmã Maria.

Carina arregalou os olhos.

– Estou me lembrando, Esmeralda! Sim, você foi a única pessoa que me amou naqueles anos todos. Aquele antigo Convento foi o único lar que conheci. Freira... Sim. Mas...

– Mas? Lembra-se bem da sua vida como religiosa?

Carina concentrou-se.

– Alguma coisa obscurece minha mente quando tento me lembrar. Chega a doer como se fosse algo sob pressão... Parece que luto para não deixar as lembranças aflorarem, e ao mesmo tempo, num paradoxo incompreensível, quero que elas venham até meu consciente. Esta parte me faz tremer... Lembro-me de... de... Meu Deus! É de Christhofer que me lembro! Mas é também... Alejandro?!

– Sim. Você se lembrou sem que eu a ajudasse. Agora prossiga. Conte-me você o resto.

– Quando eu precisar, você aviva minha memória?

– Claro.

– *Assim que me dei por gente, naquele convento, achei que todos viviam daquela maneira. Nem imaginei que existissem lares com pais, mães, irmãos. Para mim, eu tinha nascido ali. Jesus tinha-me colocado numa cesta de vime, me coberto com estrelas e me deixado ali para ser criada. Quem me contou isso foi uma das muitas tias que eu tinha por lá. As senhoras, algumas caridosas, outras mesquinhas, mas eu as amava a todas. Lembro vagamente que uma vez duas senhoras conversavam e olhavam para mim. Diziam: – E nunca mais os pais vieram buscá-la? – Não. Parece que deixaram uma pequena fortuna, mas nunca retornaram. Devem estar mortos – Pobrezinha!*

Senti que falavam de mim. Eu deveria ter uns oito anos ou mais. Lembro-me de que vinha uma professora três vezes por semana para me alfabetizar. Eu tinha fome de conhecimentos. Aprendia tudo, para surpresa da professora.

– Lembra-se também de mim? Espero que não tenha me esquecido – falou Esmeralda.

– Ah... Não esqueci, não! Como poderia? Você, como hoje, era o meu anjo da guarda. Lembro-me de que você dormia no mesmo quarto que eu; que quando chovia forte, eu chorava de medo e você vinha dormir comigo. Aconchegava-me ao peito... Eu sentia seu calor bom e então achava que você era mais forte do que a tempestade. Mas que interessante! Como posso estar lembrando tão bem de tudo isso?

– É porque isso a marcou muito. Fez calos em sua alma. Então, ao menor estímulo, você relembra. Sabe que tudo o que passamos fica registrado na nossa memória perispirítica e também no éter? É possível trazer o passado de volta.

– Estou certa de que sim. As lembranças me

atropelam. Mas estão como que misturadas; tenho de ordená-las, primeiro.

– Continue, Carina. Não está precisando de nenhuma ajuda.

– Parece que ainda ouço minha professora: – *Maria Cristina, você se lembra de seus pais? – Oh, não! Eu era um bebê quando Jesus me deixou aqui numa cesta de vime, coberta por estrelas. – Ninguém nunca lhe contou? – Eu vim láááá do céu. A Esmeralda pediu e Jesus me mandou, porque eu precisava de uma mãe e ela de uma filha.*

Carina se emocionava na volta ao passado distante.

– O sorriso dela... Como ela se chamava? Não me lembro. Sempre a chamei de tia. Esmeralda, você sabe o nome dela?

– Sei. Ela se chama Fátima. É, ainda hoje, a delicadeza em pessoa. Eu a visito de vez em quando em sua colônia espiritual. Ela também se lembra de tudo. Adorou ter tido a oportunidade de alfabetizar você.

– Fátima... Eu nunca a chamei pelo nome, por isso não me lembrava.

– Bem, Carina, depois que você foi embora, que se tornou a Irmã Maria, o que aconteceu? Essa é uma parte importante na sua vida. Foi aí que você deu seu primeiro tropeço. Um tropeço feio, feio.

Carina suspirou fundo. Concentrou-se. Esforçou-se, mas precisou da ajuda de Esmeralda. Parece que aquele departamento estivera muito tempo fechado e a chave enferrujara, dificultando a abertura.

As duas ficaram em silêncio por algum tempo. Esmeralda, com ambas as mãos sobre a cabeça dela. Ambas oravam com fervor. Do Alto começaram a cair pequeninos flocos que lembravam neve. Penetravam o perispírito de ambas, e elas se sentiam revigoradas. Na mente de Carina, uma como que diminuta lâmpada emitia raios brilhantes. Foi então que Carina deu um grito:

– Ah, senhor! Não! Como pude? Por que não desencarnei antes de fazer tal monstruosidade?

– Acalme-se, Carina. Senão poderá afetar seu corpo físico que está em repouso merecido.

Mas Carina-espírito continuou agitada. Seu rosto se contraiu num espasmo nervoso. O corpo material, repousando na cama, agitou-se e ela acordou.

– Cruz credo! Que sonho terrível!

Uma coruja piou lá fora.

"Ave de mau agouro" – pensou Carina.

Alejandro ainda segurava o filho no colo. Queria eternizar aquele momento. Vez ou outra colocava um pano sobre o nariz e a boca e beijava a criança adormecida. "O que menos quero é contaminar você, meu filho."

– Ele estava chorando, Alê? Eu estava dormindo... Não ouvi nada.

– Não, Carina. Ele não estava chorando. É um dorminhoco de marca maior. – Sorriu.

Carina olhou o marido. Sensibilizou-se. Voltou-lhe à memória as terríveis palavras do médico: – Lepra. Internação imediata. *"Oh, meu Deus! Por que não continuei dormindo? Se o sonho estava ruim, a realidade é ainda pior."*

Esmeralda continuou ali por mais algum tempo. Esperaria Carina adormecer novamente. Era necessário que ela relembrasse tudo para ter mais forças em sua luta. "Não existem inocentes" – pensou a guardiã espiritual.

Não há inocentes, é verdade. A vida vai-nos devolvendo as sequelas de nossas ações. O destino, como temos dito sempre, não existe como fatalidade; como determinismo, mas sim como reação. A criança desobediente queima a mão ao colocá-la no fogo. Não acredita quando a mãe a adverte do perigo. Precisa experimentar por si mesma. Dói, é verdade, e isso a faz não querer repetir o erro. Assim, quantos livros já foram escritos sobre a responsabilidade dos pensamentos e das ações? Quantos sábios, cientistas, palestrantes já nos falaram sobre isso? Sabemos, mas na hora do "vamos ver", infelizmente, esquecemos. Erramos uma, duas, mil vezes. Sofremos uma, duas, mil vezes, até aprender; até formar calos na alma e interiorizarmos o aprendizado. Daí por diante tudo será mais fácil, pois entrará na zona do inconsciente, do instinto, então, nem precisamos pensar em reprimir o mal – ele é naturalmente repelido.

Carina ainda estava revoltada com o diagnóstico do médico. Via apenas um lado da moeda e sentia-se injustiçada. Afinal, sempre procurara agir corretamente, não merecia um destino daquele.

O sono foi chegando com suas patas de veludo. Esmeralda estava pacientemente aguardando.

– Desculpe-me, Esmeralda. O susto foi tão grande que voltei correndo. Fui mal-educada, não fui?

– Mas agora vamos concluir nossa conversa.

Deram-se as mãos e saíram volitando até ao

lugar onde estiveram havia pouco tempo. Sentaram-se. As estrelas piscavam distantes; indiferentes ao que ia à alma de cada um.

– Bem, Carina... Como já lhe disse, esse encontro foi adrede agendado na espiritualidade.

– Diga-me, Esmeralda, todos contam com esse beneplácito da espiritualidade?

– Nem todos. Há os que são ainda tão embrutecidos, que não adquiriram nenhum mérito para isso. Tudo tem sua hora. Na espiritualidade, não se perde tempo à toa.

– Entendi.

– E depois, você já ouviu falar do bônus horas[6]?

– A "moeda corrente" do plano espiritual? Já ouvi, sim.

– Então, minha amiga. Você possui muitos bônus horas que rendem dividendos – brincou Esmeralda.

---

6. Todo serviço útil prestado no plano espiritual é pago com bônus horas, que é um crédito adquirido e contabilizado, e que pode ser usado em favor do Espírito encarnado ou desencarnado. Usam-se bônus horas para os mais diversos fins, em benefício de si mesmo ou de outrem a quem o credor queira ajudar. É pessoal e intransferível. Não há herança de bônus horas. No caso de Carina, ela deixou, ao reencarnar, uma boa "conta bancária" em bônus e agora os usava em favor de seu equilíbrio.

– É bom saber. Aliás, acho que quando desencarnar, minha conta no "banco" vai estar no negativo. Podemos também fazer empréstimo para pagar depois? – perguntou, rindo.

– Com juros e correção? É possível... Mas vamos conversar sobre sua existência anterior. Paramos quando você se lembrou...

– ... e me assustei feito uma tonta. Agora prometo não fugir mais. Vamos lá.

Uma claridade azulada desceu sobre ambas enquanto um pássaro (pássaro?) branco alçava voo pelo infinito tremulante.

– Está tudo bem, Carina?

– Maravilhosamente bem, Esmeralda. Não me acho digna de tanta benevolência de Deus. Obrigada, meu Pai. Obrigada, amiga.

Sem mais delongas, começaram novamente aquela volta ao passado não tão distante. Carina concentrou-se:

– *Assim que fiz meus votos, uma irmã que me vira crescer ali, ia mudar-se para a Espanha, onde tinha parentes. Como sabia que eu era sozinha no mundo, levou-me junto. Adorei a nova casa. Senti-me, ali, perfeitamente à vontade. Dava aulas de música para órfãos. Eles me adoravam. Era paciente e muito amorosa. Sentia tais órfãos como meus próprios filhos. Os filhos que não teria. Uma ocasião...*

Carina se esforçava para ser fiel e não omitir nada, porém, como alguém que tem medo de chegar a determinado lugar, ia dando voltas e mais voltas, a fim de protelar a chegada dolorosa.

– Carina, vamos à parte que realmente interessa, minha amiga. Vejo que você está dando voltas em torno do problema principal. Coragem. Mergulhe fundo.

Mas Carina protelava a hora de viver novamente o seu drama. Entrava em diversas portas, mas a chave que abriria a porta necessária era sempre deixada para trás. Mas era preciso continuar abrindo portas.

– Oh, meu Pai amado! Como errei!

– Ao reencarnarmos esquecemos muita coisa.

E o resgate do passado continua:

– Vejo-me em meu quarto. Tiro de minha gaveta um lenço bordado. Um monograma: CRVM– Christhofer Rutger Von Moureau. Emociono-me até as lágrimas. Beijo o lenço várias vezes. Depois rodopio com ele entre os dentes. Estou feliz como uma adolescente apaixonada.

Nunca antes havia conhecido outro tipo de amor que não o da casa das mulheres abandonadas, em Olinda.

Sei que não tenho direito a esse amor. Fiz um juramento; sou noiva de Cristo – disseram. Então fico com remorsos. Ajoelho-me no chão duro. Sinto meus joelhos doerem como quê. Mas resisto. Preciso expurgar meu pecado. Mas é tão puro meu amor! Mal prometo deixar de sonhar com ele e já estou quebrando minha promessa. É mais forte do que eu. "Meu Deus! Por que me fizestes freira? O que eu sabia da vida? Sinto-me enganada. Odeio esse hábito. Odeio ficar reclusa! Ainda bem que aqui tenho liberdade. Sei que sou criticada pelas outras, mas a irmã superiora gosta de mim. Fecha os olhos para muitas coisas. Ainda bem...

Daqui a pouco vou levar o jantar do meu Christhofer" – digo a mim mesma.

Carina para a narrativa. De repente, entristece. Segura com força as lágrimas. Perdeu-se no meio do caminho. Esmeralda pede para que ela a escute com atenção, pois lhe contará algumas coisas da vida de Christhofer. Coisas essas que ela desconhece e que é bom saber para não achar que a vida é injusta.

– Ouça-me enquanto se acalma, para depois continuar você mesma novamente.

Concentrada, Esmeralda dá prosseguimento:

– O capelão Christhofer era um homem atraente. Tornou-se padre contra a vontade do pai. Enquanto criança, era o reizinho da casa. Para as irmãs, nada! Para ele, tudo! Isso gerou revolta no coração delas que, com exceção de Ayana, passaram a odiá-lo. Depressa ele percebeu a fraqueza do pai por ele e tratou de tirar vantagem. Com apenas dez anos, tornou-se um feitor desalmado dentro de casa. Chegava a inventar coisas para que o pai maltratasse as irmãs e brigasse com a mãe. Maltratava os animais. Caçava passarinhos e depois os dava aos gatos. Fazia fofocas sobre os empregados. Quando as filhas contavam ao pai, este ria. Achava que o menino era esperto. Raçudo. Inteligente. Dessa forma, passou a também ser malquisto pelas filhas.

Leocádia, a irmã mais velha, juntamente com a do meio, Bianca, um dia tentaram sufocá-lo com um travesseiro. Sabiam que ele não era seu irmão de verdade. Mas Ayana apareceu e gritou, chamando pelos pais. Foi um Deus nos acuda. As meninas estavam possessas! Mesmo com o grito do pai e da mãe, não soltavam o menino. Dom Miguel precisou usar de muita força para salvar o garoto da asfixia.

Christhofer estava roxo. Assim que se viu livre, tossiu e esbravejou. Disse que as mataria, um dia, quando elas estivessem dormindo. Assim, ninguém mais teve sossego naquela casa.

Para complicar mais a situação, Rita, a mãe biológica de Christhofer, voltou e exigiu de Dom Miguel mais dinheiro. Queria, ainda, um pedaço da propriedade, senão "daria com a boca no trombone" – ameaçou.

Christhofer ouviu essa discussão, mas não entendeu. Quando Rita passou por ele e lhe fez um agrado na cabeça, levou uma cusparada do garoto. Indignada, falou ríspida:

– Seu capetinha mal-educado! Isso se faz? Venha já aqui e limpe isso. Vamos! – mas o menino já estava longe.

Virando-se para Dom Miguel, disse-lhe:

– Estou arrependida de tê-lo dado ao senhor. Então, é esta a educação que está lhe dando? Creio que por mim ele seria mais bem-educado. Sou da vida, sim, mas posso fazer muito melhor que isso!

A resposta de Dom Miguel não se fez esperar:

– Você não mo deu. Eu o comprei. E por um bom preço! Foi muito bem feito o que ele lhe fez. Você merece ser cuspida todos os dias. É uma vadia sem nenhum escrúpulo. Vá. Vá. Nada mais lhe devo.

– Não abuse, Dom Miguel! O senhor não me conhece!

– Você também não me conhece, Rita.

Despediram-se com fingida cordialidade. Não era bom que os empregados percebessem qualquer coisa. Passados exatos dez dias, Rita foi encontrada morta. Estrangulada. O autor do crime nunca foi encontrado, mas desconfiou-se de que foi a mando de Dom Miguel.

Pela primeira vez, o fazendeiro se arrependeu do que fizera no passado. Por causa daquele menino, tornara-se até um criminoso. A relativa paz que tinha, desapareceu do seu lar. O rostinho de Maria Cristina, delicado como o de um anjo, se lhe aflorou à memória. "Como estará minha pequenina? Não teria sido melhor eu tê-la junto a mim ao invés de me revoltar contra os desígnios de Deus e fazer o que fiz?"

Era o começo de um remorso atroz. Dona Eva, de igual forma, estava muito arrependida. Vezes sem conta volteava a casa das mulheres abandonadas para ver a filha que ali abandonara. Viu-a crescer; viu-a brincando com Esmeralda; viu-a perseguindo borboletas. Ouviu seu riso cristalino, seu choro quando caiu da gangorra, seu grito de alegria quando ganhou a primeira boneca. Um dia até conversou com ela sem se identificar. Perguntou por sua mãe e a menina respondeu: Não tenho mãe... Eu vim láaaa do céu. Jesus me colocou numa cestinha azul feita de nuvens, me cobriu com um cobertor de estrelas e me entregou aqui. Tenho muitas tias e vovós aqui, mas mãe eu não tenho. Dona Eva se comoveu. Beijou a menina e pensou: "Está mais feliz do que se estivesse em casa."

Um dia, dona Eva deixou o mundo. Tristeza. Inconformação. Depressão. Foi um choque para todos. As meninas estavam com dezenove, dezessete, quinze anos, respectivamente. Christhofer estava com treze. Era um garoto forte, alto demais para sua idade e de uma inteligência privilegiada.

Então, as mudanças começaram, naquela casa.

Dom Miguel tornou-se um carrasco para todos. Virou-se até contra o filho adotivo que sempre mimou. Acusava-o de tudo. O garoto virou o bode expiatório. Foi um tempo de muito sofrimento para ele. As meninas conheceram relativa paz. Pelo menos, se sentiram vingadas daquele intruso. Ayana era sempre criticada pelas irmãs por defender o irmão.

Christhofer revoltou-se no primeiro momento, mas resolveu esperar que o pai voltasse às boas. Com certeza, pensava, era a morte da mulher que o desequilibrara.

Passaram-se mais dois anos. Mas ele não mudou. Melhor dizendo, continuou cada vez mais implicante. Com o menino e também com os empregados. Certo dia, exigiu que o filho, de apenas quinze anos, fosse trabalhar na lavoura. O garoto se revoltou, alegou que tinham empregados suficientes para isso; que seus estudos seriam prejudicados. De nada adiantou. No dia seguinte, ao cantar do galo, foi despertado pelo pai.

– *Vamos lá, seu vagabundo! Está na hora de conhecer serviço de homem; de fazer bolhas nessas mãos de donzela.*

O rapazinho saiu cambaleando de sono. Olhou o pai com revolta. Depois de duas horas, retornou. Disse ao pai que jamais seria um trabalhador braçal. Nem tinha aptidão para aquilo. Mostrou-lhe as mãos vermelhas e já com muitas bolhas feitas pelo cabo da enxada.

Dom Miguel enfureceu-se. Estava amolando um facão e foi em direção dele. Sombras escuras o envolveram: "Eu te mato, desgraçado! Filho de uma vagabunda, é o que você é! Jamais deveria ter feito o que fiz!"

O rapaz, atônito, desviou-se do golpe e desarmou o pai. Babando de revolta, exigiu dele uma explicação. O que ele queria dizer com aquilo? Rosnando, é esse o termo exato, rosnando de raiva, gritou:

– *Minha mãe não era uma vagabunda! Eu a conheci muito bem. Ela nunca arredou pé daqui, como pode acusá-la desse modo? O senhor enlouqueceu? Não está falando coisa com coisa!*

– *Não é de Eva que estou falando. Minha mulher sempre foi muito digna. Estou falando da vadia da sua mãe biológica.*

Foi como levar uma bofetada. Christhofer recuou. Estava tremendo de indignação e ódio. Atracou-se com o pai. Rolaram no chão duro do galpão. Alguns empregados domésticos acudiram, amedrontados, e Dom Miguel gritou para que não se intrometessem naquela briga de família. Um a um foram-se retirando. Dom Miguel socava o rapaz, que procurava se defender sem agredir o pai. De repente, o sangue subiu-lhe à cabeça. Tirou forças não se sabe de onde e com ambas as mãos apertou o pescoço roliço de Dom Miguel. Mais. Mais – repetia enquanto apertava. E Dom Miguel já tinha alguns centímetros de língua fora da boca, quando Ayana apareceu:

– Por Deus, Christhofer! – E jogou-se sobre ele. – Você quer se tornar o assassino de seu próprio pai? Vamos, em nome de Jesus, pare com isso!

Só então o rapaz voltou a si. Soltou o pai e saiu correndo. Ayana chamou um empregado e este ajudou o patrão como pôde. Felizmente, nada de mais grave aconteceu, porém, ele jurou que mataria o filho.

Christhofer ficou fechado em seu quarto por quase dois meses. Pensava o que fazer da vida dali para a frente. Agora que sabia não ser filho consanguíneo, não ficaria ali. O que mais lhe doía fora saber sua origem: filho não se sabe de quem... Mãe prostituta.

Ayana era seu anjo da guarda. Levava-lhe comida e água. Conversavam. E um amor diferente foi crescendo no coração dela.

Um dia o pai mandou chamá-lo. Estava modificado. Envelhecera dez anos em poucas horas.

– Christhofer, creio que lhe devo algumas explicações. Sente-se aí e ouça o que tenho a revelar sobre seu passado.

O jovem sentou-se. Não disse uma palavra e nem olhou o pai.

Ao cabo de algum tempo, Christhofer já sabia de todo o seu passado. Lembrou-se da cusparada que dera em Rita, sua mãe biológica. Depois, com um riso sardônico, expressão alvar, disse ao pai: "Então, o senhor foi castigado. Como pôde trocar sua filha legítima por um desconhecido? Tanto para nada."

Dom Miguel olhou o filho sem entender o que ele realmente queria dizer: "Explique-se melhor. Esta noite sonhei com Eva. Ela está muito triste, diz que está sofrendo pelos nossos erros. Eu... quer dizer... nós dois, podemos tentar viver em harmonia. Deposito minha fé e esperanças em você. Um dia será dono de tudo isso. Casará, terá filhos, levará adiante o nome da família. Espero que me perdoe, filho!"

O jovem se levantou:

– Posso até perdoá-lo pela monstruosidade cometida, mas não espere nada de mim. Desprezo tudo isso. Odeio esse nome comprado para mim para satisfazer seus sonhos

de grandeza. Teria preferido mil vezes ser o filho da Rita, a mundana.

Dom Miguel olhou-o, indignado. O sangue subiu-lhe ao rosto e ele respirou com dificuldade.

– Não, filho! Não diga isso! Já estou sendo castigado. Ouça-me...

Mas o jovem saiu, batendo a porta.

– Christhofer – chamou Ayana.

– O que quer de mim? Também sabia que eu não sou seu irmão de verdade? E nada me disse?

– Christhofer, eu e minhas irmãs éramos bem pequenas, ainda. Só com o tempo descobrimos. Foi uma empregada antiga da fazenda que nos contou tudo, com a promessa de nunca contarmos nada a ninguém. Nós morríamos de medo do papai e não queríamos correr riscos.

– Então... não somos irmãos... – e um sorriso passou pelos lábios do jovenzinho.

Ayana concordou e o abraçou. Timidamente, revelou:

– Acho que sempre estive apaixonada por você. Não percebeu o quanto eu o defendia?

O rapaz não mostrou nenhuma surpresa.

– Ayana, não posso mais ficar aqui. Vou-me embora.

– Está doido? Embora pra onde? Nem temos parentes aqui! Os parentes do papai estão na Holanda, os da mamãe... você sabe. Papai expulsou todos daqui. Nunca mais tivemos notícias de ninguém.

– Aqui é que não fico. Dou um jeito.

– Que jeito? Você ainda é um menino! Pense um pouco, Chris.

Ayana conseguiu reter o jovem por mais dois anos. Nesse ínterim, tornaram-se amantes. Quando Dom Miguel descobriu, ficou furioso. Estapeou a filha e o filho. Chamou-o de indecente, de mal-agradecido, de filho de uma rameira...

Mesmo assim não o mandou embora. Estava envelhecido. Precisava dele para continuar seu nome e manter a grande propriedade que havia conseguido a custa de matar os trabalhadores de cansaço.

Mas agora, com quase dezoito anos, Christhofer convenceu o pai a torná-lo padre. Ou isso, ou fugiria sem nunca mais dar notícias. E levaria Ayana com ele. O pai jamais os veria. Das meninas, Ayana era a preferida do pai.

– Mas... Santo Deus! Fiz o que fiz para ter um filho homem; para continuar o nome da família; para dar continuidade aos nossos bens... Agora... – e não pôde evitar as lágrimas, que correram abundantes.

– Eu não pedi nada disso! Sua atitude foi em vão...

Depois de muito pensar; de muitas horas tentando convencer o rapaz, Dom Miguel concordou. Seria melhor assim. Poderia vigiá-lo e, uma vez longe, ele arrumaria marido para Ayana, como já havia arrumado para Leocádia e Bianca. Leocádia já esperava o primeiro filho e, quem sabe, seria um menino e mais tarde tocaria a propriedade do avô?

Christhofer foi para um seminário. Ficou lá até consagrar-se padre. Com o prestígio de Dom Miguel, logo foi nomeado capelão, ali mesmo nas proximidades de Recife, mas logo se mudou para a Espanha, com a ajuda de um inimigo de Dom Miguel que queria fazê-lo sofrer.

Modificara-se, no seminário. A arrogância, a insensatez da juventude e o sofrimento pela sua origem, haviam-no transformado; porém, só o tempo diria se a transformação fincara-lhe raízes na alma.

Na capela simples que passou a amar como se fosse o lar que nunca tivera de fato, conheceu momentos de relativa paz. Inteligente, tentava refazer a vida, "correr atrás" dos prejuízos da infância mal orientada.

Um dia, para sua surpresa, Ayana apareceu. Estava casada e queria que o irmão adotivo fosse morar em sua casa. O jovem capelão não aceitou, preferindo ficar morando ali mesmo, ao lado da capela.

Ayana ainda o amava. Estava, agora, uma mulher muito atraente. Não tinha filhos, porque o marido era estéril. Passou a frequentar a capela e o antigo amor voltou. Indomável.

– Bem, Carina, creio que o que você não sabia a respeito de Christhofer, agora ficou sabendo. Consegue, agora, se lembrar e contar o restante com suas próprias palavras?

Carina estava emocionada. Enxugou algumas lágrimas teimosas e continuou:

– Meu Deus! Lembro-me como se tivesse acontecido ontem. Quanto desci em minha dignidade! Como a vida nos prega peças, às vezes. Eu, que fora trocada pelos meus pais, fui apaixonar-me justamente por quem usurpou, sem querer, o meu lugar.

– Estamos longe de entender os mecanismos da justiça.

– Como poderia imaginar que tão longe de Olinda, minha terra natal, na distante Espanha para onde a vida me levara, eu encontraria o amor de minha vida? E que esse amor me levaria à perdição?

O dia, preguiçosamente, vinha despontando.

– Não divaguemos. Continue a narrativa. Quero que, ao acordar, você se recorde de muitas coisas. Só assim saberá enfrentar o que a vida reserva a você e a Alejandro.

– Bem, infelizmente, não soube resistir ao amor do capelão. Ele era lindo. Parecia que estava sempre envolto numa auréola de luz, como os santos. Sempre gentil, percebi que ele me tratava com deferência. Li em seus olhos um amor maravilhoso. Um amor que, infelizmente, nos botaria a perder.

Foi num dia de tempestade. Eu havia ido levar o jantar de Christhofer:

– Santa mãe! Como você está molhada, irmã Maria! – ele disse.

Entrei. Fazia frio naquela casa. O fogão à lenha foi aceso.

– Não quer tirar esse hábito molhado? Você pode ficar resfriada.

E ele se achegou a mim. Senti seu hálito quente, seu desejo, sua hesitação... Depois... oh, meu Deus! Acordamos um nos braços do outro. Ninguém tocou no assunto. Ele havia-me tornado mulher. E eu era a noiva de Cristo. Perdoar-me-ia tal traição, o Mestre Jesus?

Era noite fechada. Ele vestiu-se. Ajudou-me a vestir o hábito ainda molhado. Depois quis me acompanhar. Eu não quis. Mostrei-lhe o inconveniente. E se alguém nos visse? Voltei correndo para o convento. Por sorte, todos estavam dormindo.

Lembro-me que minha irmã Ayana me odiava. Não sabíamos que éramos irmãs consanguíneas. Ah, sim, como ela soube se vingar! Mas eu bem mereci. Tudo o que ela fez foi muito pouco diante do que eu mesma fizera contra a Lei de Deus. Não. Não me refiro ao amor proibido com um padre, mas às consequências desse relacionamento.

Um dia, percebi que estava grávida.

– Christhofer, estou grávida. Esperamos um filho. O que será de nós?

No primeiro momento ele apenas me olhou. Assustado. Pediu que eu repetisse. Eu repeti até me cansar: Grávida... Grávida... Grávida... Chorei todas as minhas lágrimas. Mas teria de haver alguma saída. Existia uma saída. Uma saída covarde. Indigna. Maldita: o aborto. E eu o fiz. Assassinei o filho que já amava. Desci ao inferno e lá fiquei enroscada por muito tempo. Felizmente, consegui submergir e tentar viver. Mas que vida, meu Deus!

Resolvi que, se Deus me desse mais uma oportunidade, eu saberia honrar seu nome. Não cairia em tentação novamente. Renunciaria ao meu grande e único amor. As-

sim foi. Nunca mais vi o capelão. A saudade que sentia era como fogo a me devorar... Um fogo que ardia... ardia... sem nunca cessar. Mas mantive minha promessa.

Fiquei doente. Soube que o meu amor vivia seus piores dias. Quis falar comigo, mas eu não queria falar com ninguém. Ele suplicou. Chegou a dormir no portão do convento para me ver e me falar. Estava disposto a abandonar tudo; a se casar comigo; até em voltar para o Brasil, para a casa de seu pai que, por certo, nos receberia de braços abertos. Recuperaria o filho e ao mesmo tempo a filha que abandonara. Eu soube disso pela madre superiora. Na impossibilidade de me falar, ele suplicara que me fosse dado o seu recado. Fiquei tentada a ir com ele, mas estava muito doente. Enfraquecida. Perdi muito sangue ao fazer o aborto. Estava com anemia profunda e não tinha vontade de mais nada a não ser morrer. Mas eu não merecia essa graça. Morrer... Esquecer... Não pensar em nada mais... Não sentir aquele fogo que me consumia sem me consumir.

Carina parou um pouco. Sentia-se tão cansada como naqueles dias distantes. Esmeralda esperou paciente que ela continuasse.

– Não cedi à tentação. Então não havia jurado que me emendaria? Que a partir dali estaria voltada só para minhas obrigações? Para minhas crianças? Que me esqueceria renunciando às coisas do mundo? Nunca mais soube de Christhofer. Não me lembro de mais nada a partir daí.

– *Você se lembra por que desencarnou, dois anos depois?*

– *Não me lembro. Tudo voltou a ficar embaralhado... Mas gostaria de saber o que aconteceu com Christhofer.*

– *Vou-lhe contar. Sobre ele e sobre sua irmã Ayana.*

– Ah... Ela me odiava na mesma proporção que amava Christhofer. Sabia que eu e ele éramos amantes. Pobre irmã...

Um galo cantou distante. Esmeralda já não tinha tanto tempo e começou a contar:

– *O capelão perdeu o brilho do olhar. Andava de cabeça baixa, como se temesse olhar o céu. Nunca mais alguém o viu sorrindo. Trazia uma chaga aberta na alma e não se permitia ser feliz.*

– E Ayana? Não se alegrou com minha morte? Não tentou conquistar Christhofer?

– Ela vibrou de felicidade. Aliás, pensou que foram os "trabalhos" que ela fez por intermédio de um médium desorientado, que mataram você.

– E não foi?

– Claro que não! Ninguém prejudica ninguém por meio desses "trabalhos". Os pássaros não são atingidos pelos vermes do solo. O que acontece é que damos abertura ao mal, abrimos a nossa porta e o convidamos a entrar. Em outras palavras: colocamo-nos na mesma sintonia. Você, pelo grande remorso que carregava, não reagiu. Porém, se sua encarnação não tivesse sido programada para viver só o tempo que viveu, magia negra alguma poderia levá-la ao túmulo. Deus é mais forte. A luz é mais forte.

– Então, Ayana não teve culpa pelos trabalhos de magia negra, uma vez que não foi isso que me fez ficar doente? Não carregará isso como carma negativo?

– Bem... Isso já é outra história. Sempre seremos responsabilizados pelo que fizermos. Não importa se foi a nossa ação ou não que nos abriu as portas do sepulcro. Importa sempre a intenção. Ela responderá por isso, também.

– *Depois de sua morte, ela ficou feliz. Teve esperanças de reconquistar o homem que amava e que lhe fugira. Tão logo teve oportunidade, voltou à capela. Confessou-se com ele. Insinuou-se. Mas ele a censurou. Ela ficou furiosa e o ameaçou: Faria um escândalo. Contaria tudo que sabia a respeito dele e de você, a irmã Maria. Diria até que você tivera um filho dele e o matou.*

O assédio não tinha fim. A qualquer hora ela apa-

recia na capela e exigia sua atenção. Então ele começou a beber o vinho da missa mais do que convinha. Daí a se tornar um alcoolista foi um passo. Às vezes, rezava a missa completamente embriagado. Aos poucos, sua capela foi sendo esvaziada. Muitos amigos da espiritualidade tentaram ajudá-lo, mas ele mesmo se negava a receber ajuda. Isolava-se no seu mundo.

Um dia, Ayana teve o atrevimento de esperá-lo no quarto. Ele a ignorou por algum tempo. Ela serviu-lhe uma dose... duas... três...

Então... ele não mais resistiu.

Enquanto sombras escuras voejavam pelo quarto, ele e Ayana estavam entregues às ilusões do sexo.

No dia seguinte, Christhofer não acreditou no que havia feito. Havia traído sua Maria. Havia traído a si mesmo.

Não suportou mais. Correndo como um louco, jogou-se em um despenhadeiro. Ficou irreconhecível, pois teve o corpo machucado pelas pedras em vários lugares. Ayana acabou seus dias num sanatório para doentes mentais. Andava dia e noite pelo pátio chamando por Christhofer. Desencarnou dali a oito anos. Você a conhece, hoje, na personalidade de Tônia. Seu restabelecimento no plano espiritual foi demorado. O sofrimento de Christhofer, após o suicídio, foi inenarrável. Vocês três viveram juntos na espiritualidade por muito tempo, para aprenderem que a vida é sagrada, que não pode ser chamado de amor o sentimento desequilibrante, neurótico, possessivo, egoísta. O amor é renúncia, é compreensão, é luz...

Carina estava emocionada. Esmeralda finalizou:

– Por essa razão, suas vidas estão entrelaçadas. O ódio também une – e, olhando para o alto, disse:

– Agora você já sabe que não houve nenhuma injustiça. A hanseníase, com suas flores púrpuras de redenção, foi um caminho encontrado pelo senhor da vida e da morte, a fim de que os débitos de Alejandro fossem saldados. Ele aceitou, pois muito progredira na espiritualidade; muito crédito amealhara em seu favor.

Carina acordou com o choro de Javier. Alejandro dormia. Parecia tranquilo. "Benditas horas de sono que nos fortalecem. Estou me sentindo renovada. Como se um anjo bom me houvesse cantado uma canção de ninar."

Esmeralda riu e disse a si mesma:

– Foi uma canção de ninar que, ao invés de adormecê-la, acordou-a.

Epílogo

E o dia da internação chegou. Nem o Sol radiante, nem o riso inocente de Javier, abrandaram a dor daqueles corações. Jamais alguém vira Alejandro tão cabisbaixo. Sentia-se derrotado. Insultado pela vida. Então, como se desenrolassem seu passado diante dos seus olhos, ergueu a cabeça e encarou seu destino. Não se acovardaria. Lembrou que Jesus sofrera muito mais, infinitamente mais. E nada devia. E ele? Acaso ainda não se lhe repercutiam n'alma os gritos acusatórios? As lágrimas que fizera derramar ainda não haviam secado e, num turbilhão revolto, ameaçavam afogá-lo. Era justa sua sentença. Seu coração acalmou-se e foi com resignação que abraçou Carina:

– Carina, sei que não vai ser fácil para você. O menino... ainda tão pequeno...

Carina segurou as lágrimas. Sentia que o coração se lhe partia em mil pedaços, porém, não podia demonstrar fraqueza. Tinha de amparar o marido naquela hora de dor. Entrincheirou-se atrás de uma férrea determinação e comandou o regimento:

– Alejandro, não se preocupe. Daremos um jeito. Temos uma família grande e todos já se dispuseram a nos ajudar. Fique tranquilo. Se Deus quiser, logo você estará de volta. Cuidarei bem de nosso filho.

– Nossa vida virou de pernas para o ar. Você terá de arrumar um emprego...

– Arrumarei. Sou tecelã, esqueceu? Quando solteira sempre trabalhei. Voltarei à mesma fábrica... Javier também ficará bem.

– Tenho pena de você... Tantos planos...

– Não tenha pena de mim. Eu me casaria com você ainda que soubesse da doença. Sei que estamos juntos nesse barco. Qualquer tempestade que o atinja, atingirá também a mim.

Abraçaram-se. Carina quis beijá-lo, mas ele recuou: “Não convém abusar da sorte. Creio que até aqui não contaminei ninguém.”

Agora sim, Carina não segurou as lágrimas. Renunciar ao grande amor de sua vida, não mais tocá-lo, beijá-lo... Seria uma dor profunda.

Os vizinhos e parentes vieram com suas lembranças: frutas, doces, uma palavra de reconforto. Mas percebia-se que evitavam ficar muito próximo dele. Carina percebia e ainda mais sofria com isso. Todavia, lembrava-se do sonho, ou melhor, da entrevista que tivera com o Espírito de luz (Esmeralda) e sofria sem revoltas. Sabia-se, agora, devedora na conta da vida. Devia agradecer a oportunidade dessa existência e não lamentá-la; agradecer a oportunidade de quitação. Queria estar vestida com a "veste nupcial"; sem máculas, quando fizesse a inevitável viagem de volta.

Quando o sofrimento chega e nos fere, julgamo-nos esquecidos de Deus. Acusamo-lo até de injusto. Porque não conhecemos as suas leis; porque não conhecemos os mecanismos da justiça; porque não conhecemos nem a nós mesmos.

Os hansenianos sempre foram marginalizados. Antigamente era ainda bem pior. O estigma da doença afastava-os do lar e os condenava, sem apelação, a viver longe da civilização; como feras, entocados em grutas escuras, no mato, ou em aglomerados infectos. Eram obrigados a andar com um sino, avisando que se aproximavam. E todos corriam, gritando: Impuros! Impuros!

E os seus corpos iam sendo corroídos pela doença; as chagas que se abriam não fechavam e exalavam o cheiro da morte.

Em Alejandro, a doença não evoluíra a tal ponto. Ou porque a tivesse tratado a tempo, ou porque sua própria aura de Espírito diferenciado o protegesse, limitando o poder deformante da doença. Assim, continuava sendo um homem bonito, em cujos olhos verde-azulado ou azul– esverdeado, liam-se um poema de luz e amor.

Um problema surgiu. Era preciso arrumar um táxi que os levasse até Itu, no hospital de Pirapitingui. E numa cidade pequena, cheia de fofoqueiros, a notícia da doença de Alejandro correu como um rastilho de pólvora. Nenhum taxista queria correr o risco de "infectar" seu carro. Diziam a Carina:

– A senhora há de compreender. Se levo seu marido, perco meus fregueses; ninguém mais vai querer pegar o meu táxi.

Carina entendia. Ia atrás de outro. Alguma boa alma haveria de levá-los.

Então se lembrou de Alberico:

– Por favor, seu Alberico. Preciso internar

meu marido em Pirapitingui... – e contou-lhe sua história. O homem já ia arranjar uma desculpa, quando foi envolvido por Esmeralda. Fez-se um silêncio constrangedor. As feições de Alberico se descontraíram. Era um médium e ouviu distintamente o apelo de Esmeralda. Condoeu-se:

– Olha, dona Carina. Eu vou levá-los, mas não diga a ninguém. A ninguém, porque se souberem, vou ter de me aposentar ou arrumar outro serviço. O povo fala muito. Quando a desgraça é com os de fora da família, ninguém tem caridade.

– Muito obrigada, seu Alberico. Que Deus o recompense.

– Mas olha, tem de ser de madrugada, quando todos estiverem ainda dormindo.

Carina marcou o horário. Na manhã seguinte, suas vidas tomariam um rumo diferente; jamais imaginado.

Fazia escuro quando o táxi de Alberico encostou. Embarcaram em silêncio. E em silêncio chegaram a Itu. Apresentaram-se. Carina olhou o hospital, então compreendeu aqueles sonhos premonitórios. Criaturas deformadas, com panos enrolados nos pés, nas mãos... Chorosas. Expressão de incredulidade em alguns, de revolta em outros...

Os parentes que iam e vinham, cada qual querendo falar com seu doente. E o parlatório! Ah, o parlatório que separava os doentes de suas visitas. De um lado, os internados chagados; do outro, as visitas. E Carina entendeu: O obstáculo entre ela e Alejandro... As mãos que não se encontravam por mais que as estendessem... O parlatório, aquele muro que haveria de separá-la de seu Alê. Ali estava a "Casa dos Aflitos".

Então ela conheceu a dor maior de sua vida.

Doravante, ele ficaria de um lado e ela de outro. Até há pouco tempo estava pertinho dele. Agora, uma barreira os separava: o parlatório. E ela estendeu as mãos; ficou nas pontas dos pés... Queria tocar em Alejandro mais uma vez... Mas... As mãos de ambos ficaram dependuradas no ar... Como barcos à vela esperando pelo vento.

Quando sentiram a inutilidade de tentar se tocar, afastaram-se. Ele foi conduzido ao seu quarto. Ela retornou com Alberico. Chorava. De repente, sentiu uma tontura. Lembrou-se de que não jantara no dia anterior e nem tomara o café da manhã. Sentia-se cair... cair... Morrera? Era aquilo a morte? Que bom que ela viera naquele momento. Não precisaria mais pensar, pois a cabeça lhe doía, tentando, desesperada, achar uma solução; aceitar aquela desgraça... Alejandro fora "enterrado" em vida. Ela também não queria mais viver. E a cabeça rodava... rodava... enquanto a dor, a dor que ela jamais pensara conhecer, esmagava seu corpo, expulsava a alma...

Um suor viscoso se lhe escorria pelas costas. As lágrimas a impediam de ver a expressão triste de seu Alberico.

Ela ficou quietinha por algum tempo. Não queria assustar a morte, para que ela não se fosse sem levá-la. Mas o que sentiu não foi a foice ceifando sua vida, mas a presença de Esmeralda. *"Desfalece agora, que mal começa sua provação? Que egoísmo é esse, Carina? Como chamar a morte, se as duas pessoas que você mais ama, Alejandro e Javier, precisam tanto de você? E nossa conversa de ontem? Esqueceu Christhofer e a irmã Maria? Precisarei avivar uma vez mais a sua memória?"* – falou-lhe aos tímpanos espirituais seu anjo protetor.

Nem assim Carina se refez. Continuou chorando até que se lhe esgotassem as lágrimas. Que não a impedissem de chorar naquele dia que jamais seria esquecido; que fora gravado a fogo em sua mente. E dali para a frente – pensou – viveria somente para Alejandro e Javier.

Alejandro fora encaminhado para uma das muitas casas ali existentes. Seus companheiros de quarto já tinham a doença num estágio bem mais avançado. Eram três. Um deles, apenas com um toco de perna; outro, sem nariz; o terceiro, com braços deformados, mãos faltando dedos ou inchadas, corpo tomado por manchas vermelhas, arroxeadas ou esbranquiçadas. E o cheiro acre por todo o lugar.

O primeiro momento foi de terror. *"Deus! O que me aguarda, ainda?"* – pensou o recém-chegado.

Os companheiros de infortúnio olharam-no.

– Olá, amigos. Acabei de chegar. Somos companheiros no infortúnio e vamos ser solidários uns com os outros.

Todos responderam ao cumprimento. Tal atitude carinhosa, própria do gênio bom de Alejandro, conquistou os companheiros. Mas naquela noite ele dormiu apenas algumas horas, já no romper da aurora. Em pouco tempo conheceu o complexo hospitalar todo. Soube que, além das casas, havia um hotel para quem pudesse pagá-lo.

Assim, os dias foram transcorrendo lentamente. Carina e Javier foram morar com os pais de Alejandro. Logo ela arrumou serviço de tecelã. Perdeu o convívio não só com o marido, mas também com o filho, ainda tão pequeno. A sogra, intransigente e mandona, acostumada a um regime matriarcal, atormentava Carina com reclamações sobre as traquinagens de Javier, assim que ela chegava da tecelagem. Mas adorava o neto, como adorava o filho; era a eterna rivalidade entre sogra e nora.

Um ano se passou. Um dia, Alejandro falou-lhe a respeito do hotel que havia ali. Talvez fosse possível ele mudar-se para lá e ter mais conforto, ser mais bem tratado. Carina gostou da ideia. Pagaria o hotel ainda que fosse para privar-se, ela própria, do necessário. Imediatamente ele mudou-se para o hotel, onde tiveram mais privacidade, pois ali, as coisas não eram diferentes do que em qualquer outro lugar: "comprando" os empregados, eles ficavam cegos, surdos e mudos. E tudo era permitido. O parlatório já não era usado por eles, que podiam se encontrar com mais liberdade.

Mais um ano e a família de Alejandro mudou-se para São Paulo. Agora havia ficado bem mais difícil as visitas a Pirapitingui. Então Carina conseguiu uma entrevista com o Diretor responsável do departamento e conseguiu a transferência do marido para o Complexo Hospitalar Padre Bento, em Guarulhos-SP, o que lhe facilitava as visitas semanais ao marido.

Por essa ocasião, a situação dos doentes havia melhorado muito. Deveu-se ao fato de a deputada Conceição da Costa Neves[7] tomar "as dores" dos doentes. Lutou para lhes dar melhores condições de vida. Tornou-se a mãe dos hansenianos, que a adoravam.

Um remédio novo foi descoberto nos Estados Unidos da América. Infelizmente, não era fornecido pelo governo; os doentes tinham de comprá-lo, se quisessem. Carina não mediu esforços para que Alejandro pudesse usufruir o benefício. A doença estacionou. Muitos receberam alta e voltaram para casa.

No Complexo Hospitalar Padre Bento, a vida do casal melhorou mais um pouco. Alejandro arrumou serviço lá dentro: primeiro como carroceiro, depois como cozinheiro. Carina já não chorava tanto, podiam ficar juntos em todos os fins de semana. Fizera amizades. Comia junto com todos, na cozinha, e vez ou outra levava Javier para ver o pai, mas como ele era criança, viam-se apenas de longe. Ainda que pudesse subornar os guardas, Alejandro não o fazia, com medo de contaminar o filho.

---

7. Grande batalhadora em prol da qualidade de vida dos internados. Até hoje é querida por todos os doentes e ex-doentes.

Carina emagrecia a olhos vistos. Sua vida se resumira ao trabalho e às idas e vindas ao hospital. Assim foi durante nove anos. Até que um dia ele recebeu alta.

O coração de Carina estava em festa. Por essa ocasião, já não morava mais com a sogra. Construíra uma pequena casa e levara a mãe idosa e os dois irmãos surdos-mudos para morar com ela, pois eles não tinham onde ficar.

"Quando Alejandro sair do hospital, não quero que passe pelo constrangimento de ter de residir com parentes. Sei que todos alegarão algum motivo para não recebê-lo, mas sei que é o medo. Terá, ao voltar, a nossa casa. Simples, mas nossa." E isso lhe dava forças para continuar lutando.

Num dia de sol, Alejandro voltou. Era, ainda, um homem bonito. A doença não lhe fizera muito estrago. O filho correu ao seu encontro, gritando de alegria. Carina ficou branca. Tremia de emoção. Queria correr, atirar-se em seus braços, ficar ali aninhada, sentir o palpitar daquele coração querido, mas as pernas se recusavam a lhe obedecer.

Alejandro sorriu. Foi ao seu encontro de braços abertos.

– Agora nada vai nos separar, minha Carina!